让每一个孩子经历自己的学习过程

幼儿园个别化教育支持框架的建构与实施

李文静 编著

华东师范大学出版社
上海

图书在版编目(CIP)数据

让每一个孩子经历自己的学习过程:幼儿园个别化教育支持框架的建构与实施/李文静编著. —上海:华东师范大学出版社,2024

ISBN 978-7-5760-4926-8

Ⅰ.①让… Ⅱ.①李… Ⅲ.①学前教育-教育研究 Ⅳ.①G61

中国国家版本馆 CIP 数据核字(2024)第 091842 号

让每一个孩子经历自己的学习过程
幼儿园个别化教育支持框架的建构与实施

编　　著　李文静
策划编辑　蒋　将
责任编辑　胡瑞颖
特约审读　王　杉
责任校对　时东明　张　筝
装帧设计　冯逸珺

出版发行　华东师范大学出版社
社　　址　上海市中山北路 3663 号　邮编 200062
网　　址　www.ecnupress.com.cn
电　　话　021-60821666　行政传真 021-62572105
客服电话　021-62865537　门市(邮购)电话 021-62869887
地　　址　上海市中山北路 3663 号华东师范大学校内先锋路口
网　　店　http://hdsdcbs.tmall.com

印 刷 者　上海昌鑫龙印务有限公司
开　　本　787 毫米×1092 毫米　1/16
印　　张　10.75
字　　数　169 千字
版　　次　2024 年 9 月第 1 版
印　　次　2024 年 9 月第 1 次
书　　号　ISBN 978-7-5760-4926-8
定　　价　58.00 元

出 版 人　王　焰

(如发现本版图书有印订质量问题,请寄回本社客服中心调换或电话 021-62865537 联系)

目录

1 序

1 前言
1 　一、学前教育是"根"的事业
2 　二、幼儿园个别化教育回溯
3 　三、新一轮个别化教育的深化研究

1 **第一章　个别化教育支持框架构建的缘起**
3 　第一节　显微阐幽——个别化教育的价值探问
3 　　一、个别化教育的内涵
4 　　二、个别化教育的理论基础
6 　　三、个别化教育的价值追求
8 　第二节　追根溯源——个别化教育园本化探索的历史沿革
8 　　一、初探,变革教育方式
9 　　二、铺开,确立办园理念
9 　　三、创新,深化办园特色
10 　　四、深化,确立课程理念
14 　第三节　承前启后——个别化教育支持框架的初步构想
15 　　一、提出构建支持框架的设想
17 　　二、对个别化教育的实然反思

18	三、对个别化教育的应然构想

23	**第二章　经历的载体——满足需要的环境**
25	第一节　幼儿园环境与幼儿经历
25	一、环境对幼儿经历的重要意义
26	二、需要引发幼儿与环境积极互动
27	第二节　基于幼儿经历视角下的对幼儿园环境创设的思考
27	一、在幼儿园环境创设中存在的问题
28	二、幼儿园环境之问
29	第三节　满足需要的环境创设支持策略
29	一、让环境静静等待幼儿需要
36	二、让环境主动对接幼儿需要
47	三、让幼儿成为环境的创造者

53	**第三章　经历的陪伴——同频共振的互动**
55	第一节　同频共振的师幼互动
55	一、同频共振的内涵
56	二、同频共振的生发条件
65	第二节　同频，让心与心相交，意与意相通
65	一、在共情中随心而动
69	二、在交融中称心如意
71	第三节　共振，把你、我、他变成我们
72	一、共建中的交互
78	二、顺应中的推进
82	三、转换中的提携

87	**第四章 经历的助力——发现进步的评价**
89	第一节 发现进步的评价观
89	一、对进步的诠释
89	二、发现进步对幼儿经历的意义
91	三、对评价中几对关系的认识
92	第二节 发现进步的多方评估
92	一、幼儿主动发展评价指标的研发
99	二、评价过程的多方参与
112	第三节 发现进步的支持策略
113	一、用心捕捉,发现进步
114	二、善用鼓励,激发进步
116	三、班级文化,分享进步
121	**第五章 研究的成效与展望**
123	第一节 支持框架构建初显成效
123	一、幼儿园课程领导力得到进一步提升
128	二、幼儿在经历中全面而又富有个性地成长
136	第二节 个别化教育主张在项目研究中孵化萌芽
137	一、寻找项目研究与教师发展的结合点
137	二、以项目研究为线索,呼唤教育主张
138	三、以项目研究为载体,探寻教育主张
141	第三节 幼儿园管理在项目研究中得以优化
142	一、从"主观"到"客观",建立"循证管理"运行机制
147	二、变"集权"为"分权",开展幼儿园保教监控中的"教师自治"
151	第四节 展望更美好的教育生态

152　一、营造"尊重、包容、信任"的课程文化

152　二、完善保障课程更优化的制度体系

153　三、探索数字化赋能下的课程实施更优化

154　后　记

序

《让每一个孩子经历自己的学习过程：幼儿园个别化教育支持框架的建构与实施》（以下简称本书），是南阳实验幼儿园（以下简称南阳实幼）在幼儿成长和培养过程中努力践行个别化教育，并致力于探索规律，发现诀窍，构建框架，探寻路径的珍贵尝试。

作为静安区引领教育改革的先导者，自1997年教学革新起，南阳实幼便在个别化教育的路径上不断前行，以创新思维深化对个别化教育的理解与实践。通过参与并完成三项市级课题研究，南阳实幼完整描绘并构建了个别化教育的实践框架，并将其过程、实践、探索与思考系统化整理，凝练为这本具有扎实实践支撑和鲜明园本特色的个别化教育成果。本书的出版堪称南阳实幼在学前儿童个别化教育研究方面的一个重要里程碑，是其向社会交出的一份优质答卷。

2021年，中共中央颁布的《中华人民共和国国民经济和社会发展第十四个五年规划和2035年远景目标纲要》提出了建设"高质量教育体系"的战略任务，要求进一步深化教育改革，促进教育高质量发展。这不仅彰显了对教育美好前景的期待，也向教育各领域提出了前所未有的改革要求。学前教育作为基础教育的起始阶段，无疑在高质量教育体系的建设中具有重要意义。国家宏观战略层面的教育高质量发展，落实于各级各类教育中具体的学校，便是要求每所学校都能在教育改革的浪潮中找准自身定位，确保每个受教育者都能在最适合他们的环境中获得成长与发展。南阳实幼开展的个别化教育探索和实践，正是在各级各类教育进入高质量发展阶段这一大背景下,结合所在的静安区教育发展积淀与优势,以及自身原有特色与品牌基础上的持续优化和提升。在尊重每位幼儿的独特性这一理念引领下,南阳实幼在长期实践研究中开创、形成了一套独特的教育方法,本书的出版,生动呈现了南阳实幼多年的探索和实践,以及基于扎实经验凝练建构的个别化教育框架,呈现了个别化教育在激发幼儿潜能、促进其全面发展中的关键作用。

本书首先对个别化教育的缘起进行了梳理,对个别化教育的应然进行了总结,并对以往在实践中遇到的挑战进行了深刻反思。书中以"经历"为主轴,细致探讨了幼儿在个别化教育环境中的体验,包括为幼儿量身打造的教育环境、教师与幼儿之间的有效互动,以及在个别化教育背景下对幼儿成长进行评价的方法。以上三者代表着幼儿在个别化教育环境中的发展全过程:环境为幼儿提供了适应其个别化需求的学习空间,互动为教师提供了与幼儿进行个别沟通和引导的过程,而评价则是在此基础上,教师与家长采用成长性评价的方式对幼儿进行个别化的观察和反馈。通过对构成个别化教育全过程的三大构件的论述,深入阐释了个别化教育在实践中的具体应用,包括创造支持性学习环境的要素、促进教师与幼儿之间健康互动的策略,以及如何通过成长性评价促进幼儿全面发展。最后,对南阳实幼的个别化教育研究成果进行了一定的总结,并通过实证研究展示了个别化教育实践的成效。围绕如何将个别化教育的理念转化为幼儿教育实践中的行动这一核心问题,本书所呈现的经验和思考,对学前教育的研究和实践提供了宝贵的借鉴与启示。

对于正处于成长早期、更多依赖于经历成长的幼儿来说,相较于单纯的知识传授,情感与行为的感知是他们认知世界的更重要方式,教师的精神指引显得尤为关键。南阳实幼的个别化教育,恰恰体现了这种教师与幼儿之间精神交流的精髓。本书除了建构个别化教育的框架外,也收录了众多幼儿园师幼互动的案例。案例源自教师们在与幼儿日常相处中积累的点滴经验,反映了个别化教育过程中教师投入的情感与热情。教育应以育人为本的理念,在师幼互动的案例中得到了充分的体现。在南阳实幼的教学实践中,我们看到了教育的温度,感受到了教师对每个幼儿成长的深切关怀,对以心传心教学理念的践行。

正如叶澜教授强调的,教育是直面人的生命、通过人的生命、为了人的生命质量的提高而进行的社会实践活动,是以人为本的社会中最为体现生命关怀的事业之一。书中的个别化教育思想,无处不在地体现着这种关怀,它让孩子在自由与尊重中成长,体现了教育的真正意义。南阳实幼对个别化教育的深入探索,不仅是对高质量教育发展要求的积极响应,也是对自身多年一以贯之的教育文化的一次精炼和提升,更是对区域教育文化的积极弘扬。希望研究团队在未来继续坚持以研究引领发展,继续深化、优化个别化教育的实践探索,不断拓展其影响力,作出更多贡献,为幼儿的成长创造更多可能。

华东师范大学教授、教育部中学校长培训中心副主任

郅庭瑾

2024.03.07

前　言

实施个别化教育，启蒙生命成长

"创新"是时代发展、社会进步的动力，国力的竞争，归根结底是人才的竞争。中华民族的伟大复兴，需要能应对复杂问题、勇于创新的综合型人才。培养创新人才，首先要厘清什么是创新，创新是一种意识，对人或事有自己独立的观点和判断，善于思考、不盲信和盲从、善于质疑；创新是一种心智模式，是一个人思考问题、处理问题的方式，它存在于每一个人的生活、学习、工作等方面；创新的背后，是有独立人格、独立思想的个体精神，包括自尊自信、乐于探究、敢于表达等，个体精神能让人发挥自主性，只有当个体以积极的态度参与到自身的发展与建构中，其创造性潜能的充分挖掘和发挥才会成为可能。因此，个体精神的培养，应成为各级各类教育的重要目标之一。

一、学前教育是"根"的事业

人才的培养是一个漫长的系统工程，贯穿学前教育至高等教育，乃至成人教育，各个学段的教育逐级而上、循序渐进，在协同努力中实现人的发展与飞跃。学龄前的儿童是朝阳，是花朵，是人之初的生命萌芽，正处于个体精神养成的启蒙阶段，也处于习惯、态度、情感等养成的关键期、敏感期，"开发蒙昧、培育根基"是学前教育的重要使命，幼儿园教育要着眼于人的全面素质启蒙，关注生命成长与发展的共性规律和个体差异，给予适宜引导和支持，让儿童在习得品行、养成习惯、萌发情感、发现世界的过程中建构自我，并为其终身发展奠定坚实的基础。

从呱呱坠地的那一刻起，每一个人就成为了世界上独一无二的存在，先天的遗传，决定了相貌、智力、生理机能、气质类型，后天的家庭环境，则打下了生活的烙印，决定了独特的个性、情感和经验。孩子们牙牙学语、渐渐长大，走入人生的第一个小社会——幼儿园，和老师、同伴在一起，每一个"小小的我"，使幼儿园的群体活动环境呈现出群体多样化和个体个性化的特点，并成为了一种丰富的教育资源。群体活动环境中的教育资源开发和利用，前提是要充分尊重儿童发展的个体差异，注重儿童潜能的开发和个性化教育，将差异视为一种可以推动儿童发展的资源，在共同生活和学习中，为每个儿童提供一系列机会，支持他们投入到自己需要和喜欢的活动中去。由此，儿童建立对自我的认知，引发生生间的相互了解、学习，在建构知识经验的同时，获得社会化的发展。

二、幼儿园个别化教育回溯

无论时代进步到何种程度，上海市静安区南阳实验幼儿园（以下简称"南阳"或"南阳实幼"）的教育初心不变，那就是回归本源，关注每一个孩子的需要，支持每一个孩子的发展，促进每一个孩子在全面素质启蒙的基础上获得思维能力发展。

3—6岁学龄前儿童的发展，既具有普遍的共性规律，又存在个性的发展差异，且年龄越小，个体间的差异就越大。如何"以儿童发展为本"，实施满足共性、兼顾个性的教育，让每一个孩子全面而富有个性地发展？自1997年起，南阳实幼围绕着这个命题，走上了"个别化教育"的探索之路，这一走，已经有27年了，个别化教育的研究在南阳实幼生根发芽，伴随着不同研究阶段所遭遇的核心问题，我们先后开展了4项市级教育科研课题研究，围绕教育目标、教育内容、教育途径与方法、教育评价等，积累了连续性的、丰富的实践经验与成果。在行动研究的过程中，南阳实幼确立了"关注每一个孩子的需要，促进每一个孩子的发展"的办园理念，形成了"促进儿童全面素质启蒙基础上思维能力发展见长"的办园特色，并提出了"让每一个孩子经历自己的学习过程"这一课程理念。从2001年9月办园理念的提出到

2016年10月课程理念的提出，其间相隔了整整15年，在15年里，个别化教育实践完成了从无到有的创生，又面临了从有到优的挑战，那份对个别化教育理念的执着坚守和对儿童的热爱所引发的诸多新发现，引领着我们从已有经验中反思教育存在的瓶颈问题，并运用已有经验不断批判和超越自我。课程理念"让每一个孩子经历自己的学习过程"简单朴素、通俗易懂，然而，从理念到实践的转化，我们还有很多具体而复杂的难题亟待解决，课程观、教育观、儿童观的重塑，以往的经验与成果也将接受洗礼与检验。

三、新一轮个别化教育的深化研究

本轮研究是个别化教育的传承与创新，我们将系统地梳理以往的个别化教育研究成果，从课程组织实施的角度，构建个别化教育支持框架，支持每一个孩子经历自己的学习过程。教育的着力点从"促进"转向了"支持"，"支持"表明鲜明的教育立场：一切以儿童主动经历为先，儿童是学习与发展的主人，教师是儿童学习与发展的重要支持者。研究突破的是作为教育者的立场变化，从儿童发展中的促进者到儿童发展中的支持者，"支持"的背后，是儿童观的重塑，以及课程观、教育观的更新迭代，是从观念到行动的一系列反思与再创造。只有遵循教育的普遍规律，并牢牢把握3—6岁儿童身心发展的规律和特点，找准教育过程中最关键、最核心的教育要素，才能更好地达成支持儿童发展的目的。我们认为，在支持每一个孩子的个别化教育框架构建中，"环境创设""师幼互动""发展评价"三个要素最为重要。

1. 让满足需要的环境伴随着经历变得丰富而美好

环境是经历的开端，经历可以是主动的，也可以是被动的，我们追求的是让儿童主动经历。主动，是一种个体在学习过程中的状态，外在的驱动和内在的动机缺一不可。环境，既是一种外在的驱动媒介，又可激发内在动机。因此，我们将环境的创设确立为支持框架中的第一个教育要素。幼儿园的环境是校园时空内的物质环境、心理环境的总和。环境开启了儿童的经历之旅，并伴随着经历的全过程，从走进校园的这一刻起，儿童看到的每一处景，遇见的每一个人……都是有形或无形的环境。整个校园中的环境传递着办园理念和校园文化、蕴含于一日生活全过程。那么,怎样的环境才能支持儿童的学习呢?我们认为,它应该是能满足儿童经历过程中多样化需求的。首先,环境是重要的教育(学习)资源,是经历的开端。瑞吉欧教育理念认为"环境是儿童的第三位老师",儿童在所见、所闻、所做、所感中与这位"老师"互动,润物细无声。正如古有孟母三迁,道出了人在环境中受着潜移默化的影响。环境对人的影响就在一点一滴、不知不觉中发生着,儿童沉浸于环境中,用眼睛、耳朵、身体和心灵感受着环境的真善美,并在与环境的互动中,建立与环境的联结。在环境创设中,要充分考虑幼儿在园生活的方方面面,从宏观到微观,从具体到抽象,从外显到内隐……这也就是对儿童经历的全面、全过程的思考。其次,每一个儿童在同一个环境中接受着不一样的刺激。主动经历的关键在于,内在的学习动机是否被环境所激发。每个儿童都是不一样的,承认个体间存在差异,并尊重、顺应差异,是环境创设中第二个需要思考的基点。一个支持儿童主动经历的环境,一定是丰富的、包容多样需要的,能够为儿童的学习提供多种选择。在同一个时空里,每一个儿童都能按照自己的喜好和需要,找到感兴趣的内容,并以自己的方式与环境互动,探索、发现、体验学习的快乐。当环境与儿童的需要建立了联结,就能激发内在动机,让儿童的经历变得主动起来。满足个性化需要的环境,成就"一百个儿童的一百种经历"。再次,主动经历的学习者,是环境的创造者。一方面,环境潜移默化地影响着人,另一方面,人也在积极地与环境互动,从适应到融入,再到改变环境,主动的学习者与环境双向互动,相辅相成。教师要鼓励儿童成为环境的创造者,在环境创设中适度留白,为儿童的生成释放空间,让动态的环境满足儿童创造的需要,伴随儿童经历的过程。

2. 让同频共振的师幼互动助推每一份独特经历

学习在交流中得以推进与升华,个别化教育支持框架中的第二个要素是"同频共振的师幼互动",师幼间的互动,每天都在进行。教师是儿童成长过程中的重要他人,在"人人出彩"的时代,如何更好地体现"教育公平",让师爱照耀到教室的每一个角落,让每一个生命感受到成长的意义、价值与尊严?个别化教育对师幼互动提出了更高的要求,全面考察着教师从观念到行为的转化,考验着教师的教育智慧,诸如:接纳与包容个体发展的独特性,在顺应差异的同时给予支持、发现与运用个体发展之间的差异资源,服务于幼儿的学习过程,感知幼儿情绪情感的发生和变化,在共情中陪伴幼儿的成长……师幼互动,是教师与幼儿建立联结的手段及途径,当教与学双方之间建立了情感、行为等的联系,师幼互动就会成为学习中的助推器,更好地支持幼儿的主动经历。高质量的师幼互动,伴随着教师基于当下情境的周而复始的动态调整。苏霍姆林斯基曾说,在每一个孩子心中最隐秘的一角,都有一根独特的琴弦,拨动它就会发出特有的音响,要使孩子的心同我讲的话发生共鸣,则我自身需要同孩子的心弦对准音调。我们认为,同频,就是合拍,合拍才能共振,心与心相应,人与人相亲,成为一个休戚与共的整体。师幼互动的过程,就是师生间同频共振的过程,教师用心、用眼、用耳去听辨幼儿发出的声音和频率,在调整中达到音色和谐、节奏合拍,才能共同奏响美好的天籁之音。同频共振体现出教师作为教育者的责任和师爱,也是师幼互动的理想状态。同频共振的过程,是对课程理念不断深入认识的过程。对幼儿发展差异与独特性的发现、认识、尊重与包容,是同频共振的前提,让每一个孩子经历自己的学习过程,需要教师有一种坚信的力量,相信每一个孩子都有能力成为学习的主人。同频共振的过程,是教师专业觉知的修炼过程。师幼互动,是教师与幼儿建立联系的重要途径,向内,寻找自己的行为,向外,寻找幼儿的行为,并使两种行为的产生与发展相互依存、互相反馈。具体来说,能敏锐地感知幼儿的行为表现,感知自身的语言、行为对幼儿产生影响,接收到来自于幼儿的反馈信息进行自身行为的灵活调适,在循环往复的互动中,教师作为专业者的"觉知"不断得以显现与提升。同频共振的过程,是教师支持儿童经历的过程,教与学相伴相随,要看到幼儿正在经历的过程,并给予适当的环境、尽可能的激励,不断寻找师生、生生间的共振点,使彼此的思维、认识与情感不断靠近,最终到达同一频率上,在相互影响中产生出有力共振,助推每一个幼儿的学习。

3. 让发现进步的评价激励每一个成长的精彩

经历就是在每一天的点点滴滴中变化,个别化教育支持框架中的第三个要素是"发展评价"。评价儿童、评价儿童的发展,是幼儿园教育过程中的大事,之所以重要,是因为评价具有导向和激励的作用。自信、乐观、勇敢、坚持等品质并非与生俱来的，但都是我们期许幼儿在经历中获得的宝贵财富，如何更好地经历，并萌发这些宝贵的品质？这涉及了一个重要的因素：教育评价。南阳实幼的评价观是：发现进步。因为，我们相信，只要坚持不懈地努力，每一个人都能成为更好的自己。评价是教育的指挥棒，为教育指明了努力的方向，评价观的确立，对教育有着决定性的作用。从与幼儿相遇的那一刻起，我们就开始了相知。了解和发现每一个幼儿的特点，并支持他们成为那个更好的自己，就是我们教育的责任和使命。主动经历学习过程的学习者，是有自信的，有强大的内生力的。学习过程不会一帆风顺，我们希望通过外力驱动，让幼儿产生强大的内驱力，相信自己、接纳自己，为每一次经历总结经验、从中吸取教训，成为学习的主人。发现进步，是一种激励性评价，尊重每一个幼儿的发展差异，相信每一个幼儿的发展潜能，让每一个幼儿都有自己的目标、有努力的动力。发现进步的过程，就是发现变化的过程。进步，就是朝好的方向变化，变化需要努力、更需要时间，很多时候，在细微的点滴中发生的量变，累积到最终才能实现质的飞跃，教师应当相信每一个幼儿都有内在生长的力量，在培育中静待花开。

如果说，课程理念的提出是南阳实幼个别化教育研究中一个具有里程碑意义的突破，那我们坚信，随着实践的不断深入，个别化教育探索之路上一定会迎来更多"下一个"里程碑，鼓舞我们更深入地揭示出个别化教育的内涵和本质，尊重与把握儿童发展的规律和特点，顺应儿童的天性，张扬儿童的个性，激发儿童的灵性，观照生命内涵，涵养生命活力，支持与成就每一个儿童快乐成长、主动发展。

我们将继续探索前行！

南阳实验幼儿园

李文静

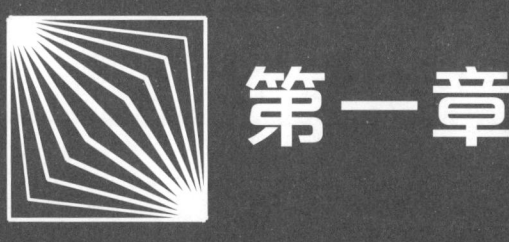

第一章

个别化教育支持框架构建的缘起

　　构建个别化教育支持框架，为实现基于儿童立场的教育提供保障，帮助教师在面向全体的班级授课制背景下，更好地尊重儿童生命成长的基本逻辑，满足与兼顾儿童发展的共性特点与个性差异，努力承载和回应每一个儿童成长的张力与需求，激发儿童主动学习和经历、获得全面的素质启蒙、为终身学习奠定坚实的基础。

第一节　显微阐幽——个别化教育的价值探问

支持幼儿在全面发展的基础上富有个性地发展，已成为当前学前教育研究领域的重要命题之一。个别化教育，是现代教育价值观的直接指向，是遵循和适应儿童发展规律的教育理念，更是"教育关注每一个"的途径和方法。

一、个别化教育的内涵

个别：《辞海》中指出"个别"是"单个、各个"之意，"个别"是相对于"群体""集体"而言的，意味着和别人不一样。

个别化教育：《美国教育百科全书》将"个别化教育"定义为"在教师引导下，允许学生按照自己的速度前进的教育方法"。《个别化教育》做了更为详细的解释："个别化教育指在教师的指导下，使每门学科的学习过程按照学生自己的学习速度来组织。教育是不分年级的，以使每个学生在学习每门学科时，根据他能力许可的程度前进。"格伦·希瑟（Glen Heather）指出："个别化教育就是指对学生个人的学习需要、学习基础以及学习者特征或者学习风格制定课程计划和学习指导项目，并逐步实施。"黄志诚认为，个别化教育采用灵活的教育组织形式，精心的教育设计来适应学生的个别差异，个别化教育是班级教育和个别教育线段之间的一个可位移的点。姜新生在《个别化教学策略》一书中阐明了个别化教育的实质：倡导尊重人的个性，满足个体的与众不同的教育需要；因材施教是个别化教育的核心和具体化；可以根据学生的情况灵活安排多种教育形式。

我们认为："群体""集体"是实施学前教育的背景和前提，个别化教育的开展，必须以幼儿个体所处的班级群体活动环境为基础。因人而异、因材施教，是实现群体活动背景下个别化教育的重要原则。本研究将"个别化教育"定义为：在幼儿园一日活动中，为更好地适应3—6岁儿童的群体多样化差异和个体个性化，支持每一个儿童在原有水平上动态发展而建立的保教模式。它有别于家庭中的一个成人对一个孩子的教养方式，也有别于幼儿园中一般形式上的一对一的个别教育，而是在群体教育背景下，充分把握教育对象的共同性和差异性，充分尊重儿童内在独特需求，在教育目标的制订、教育内容、教育途径和教育方式的选择上，面向全体、兼顾个体，从尊重、顺应、支持儿童的内在需求出发，在观察解读、计划实施、动态评价的过程中进行因人而异的设计和行动，发现问题、弥补缺失，激发每一个儿童发展的内驱力，真正促进儿童在全面素质启蒙基础上和谐而不失个性特点地发展。个别化教育不是单向的教与学，而是师生共生、循环互动、相互作用、共同经历的教育行动。

二、个别化教育的理论基础

（一）建构主义理论

随着建构主义理论受到现代教育思潮的关注，教育者越来越认识到，儿童学习与发展的过程在本质上是经验、知识建构的过程。主体通过在自身基础上的主动建构，改变认知结构，因此"有效的教学始于学习者带入教学环境的已有知识，包括文化实践和信仰，也包括学科内容知识。他们目前所知道和相信的知识影响他们对新信息的解释"[①]，幼儿原有的特征是一切学习与发展的起点，对于幼儿个体差异的了解、尊重、顺应以及基于差异的"教"与"学"，应成为个别化教育的核心元素。

（二）差异教育理论

联合国教科文组织（UNESCO）在《学会生存：教育世界的今天和明天》中明确指出，"现代教育都重视个人，注意一个人的能力，他的心理结构以及他的兴趣、动机和需要……这个受教

[①] 约翰·D. 布兰思福特等. 人是如何学习的：大脑、心理、经验及学校（扩展版）[M]. 程可拉等，译. 上海：华东师范大学出版社，2013：11.

育的个人在他自己的教育中日益起着积极主动的作用"。①《简明国际教育百科全书》指出："教育革新最积极的领域之一是个别化教育,在全世界的教育环境中,一种适合学习者个别差异的愈来愈多样化的技术已经发展起来。"从斯金纳的程序教学到个别化视听教学以及计算机辅助教学,从"个别化规定教学""个别指导教学"罗杰斯的"非指导性教学"到凯勒的"个人化学习系统",从按需学习计划到掌握学习的理论与教学模式等都是针对学生的个别差异而采取的有益尝试。

我国差异教育的首倡者华国栋在他的《差异教学论》中对差异的分类包括:性格、兴趣和能力的差异。美国教育家荷克丝列举了认知能力、学习风格、家庭因素、前期经验等方面的差异,差异教学强调"从差异出发""为了差异发展"及"开展有差异的教学"。对学生个体差异的深刻了解和准确分析,是个别化教育有效实施的基础和前提,"为了差异的发展"是个别化教育目标的基本特征。

（三）多元智能理论

霍华德·加德纳提出的多元智能理论认为,尽管每个人都拥有相对独立的八种智能,但由于受到多种因素的影响和制约,这八种智能以不同方式、不同程度进行组合,从而使智能形成和发展产生个体的独特性。多元智能理论倡导儿童的和谐发展,充分展现儿童发展的潜能:一方面,智能组成结构的差异,使得每个儿童理解和建构的方式各不相同,都会具有某方面发展的潜能和机会,并呈现出发展的优势;另一方面,儿童在各方面的发展不可能齐头并进,只有发现其在智能发展上的缺失或见长,并积极地影响干预,才能扬长补短,保障儿童在全面发展的基础上和谐而富有个性地成长。

儿童个体发展的方向是多元的,教育目标和课程教育模式也应该是多元的,当教育尊重差异且以最大程度的个别化方式来进行时,才能取得预期的功效。这样,教师会乐于对每一个孩子抱有积极、热切的期望,乐于从多个角度来评价、观察和接纳孩子,寻找和发现他们身上独特的闪光点,充分发掘和发展他们的潜能。

---

① 联合国教科文组织国际教育发展委员会.学会生存:教育世界的今天和明天[M].北京:教育科学出版社,1996:167.

三、个别化教育的价值追求

(一) 国家倡导

党的十八大以来,多次强调要把教育放在优先发展的战略地位,努力办好公平优质、惠及所有孩子的教育。2018年,中共中央、国务院印发了《关于学前教育深化改革规范发展的若干意见》,其中明确指出:"到2035年,全面普及学前三年教育,建成覆盖城乡、布局合理的学前教育公共服务体系,形成完善的学前教育管理体制、办园体制和政策保障体系,为幼儿提供更加充裕、更加普惠、更加优质的学前教育。"坚持学前教育的公益普惠性质,健全学前教育的政策保障体系,更好地实现"幼有所育",是我国学前教育发展的重要方向。2019年2月,中共中央、国务院印发了《中国教育现代化2035》,提出"提高教育质量、促进教育公平,优化教育结构";提出"推进教育现代化的八大基本理念",其中就包含"更加注重全面发展""更加注重面向人人""更加注重因材施教"。

"优质普惠教育"的直白表述就是"一个都不能少",它的前提是教育者必须要"看"到每一个孩子的"存在","看"到每一个孩子在活动中的表现和反应,解读其所思所想和背后原因,敏感地察觉他们的需要。个别化教育促使教育者将目光放到孩子身上,为不同孩子提供符合各自发展需求的主动探究的环境支持,创设利于积极有效互动的时空,给予孩子充分的自由和自主,提供适宜孩子个体发展差异的课程。个别化教育是学前教育阶段真正实现"优质普惠教育"、切实满足所有孩子需要、支持每一个孩子发展的关键理念和有效手段。

在《幼儿园工作规程》(下简称"《规程》")中,就提出将"遵循幼儿身心发展规律,符合幼儿年龄特点,注重个体差异,因人施教,引导幼儿个性健康发展"作为幼儿园教育工作的原则之一,并进一步要求:"幼儿园应当充分尊重幼儿的个体差异,根据幼儿不同的心理发展水平,研究有效的活动形式和方法,注重培养幼儿良好的个性心理品质。"2001年我国颁布的《幼儿园教育指导纲要(试行)》(下简称"《纲要》")中也提出"尊重幼儿在发展水平、能力、经验、学习方式等方面的个体差异,因人施教,努力使每一个幼儿都能获得满足和成功","教育内容、方式能否兼顾群体需要和个性差异,使每个幼儿都能得到发展","承认和关注幼儿的个体差异,避免用划一的标准评价不同的幼儿",还明确指出"关注个别差异,促进幼儿富有个性的发展",突出地强调了促进"每一个"孩子个性化地发展已成为当代幼儿教育的重要目标。《国家中长期教育改革和发展规划纲要(2010—2020年)》中提到"关心每个学生,促进每个学生主动地、生动活泼地发展,尊重教育规律和学生身心发展规律,为每个学生提供适合的教育","全面发展与个性发展的统一","注重因材施教。关注学生不同特点和个性差异,发展每一个学生的优势潜能"。2012年10月教育部正式颁布的《3—6岁儿童学习与发展指南》(下简称《指南》)也明确指出"尊重幼儿发展的个体差异","每个幼儿在沿着相似进程发展的过程中,各自的发展速度和达到某一水平的时间不完全相同。要充分理解和尊重幼儿发展进程中的个别差异,支持和引导他们从原有水平向更高水平发展,按照自身的速度和方式到达《指南》所呈现的发展'阶梯',切忌用一把'尺子'衡量所有的幼儿"。上述条款都以政策法规的形式强调了个别化教育在幼儿教育中的重要地位。

(二)时代驱动

当前,全球学前教育发展的战略目标均体现为确保所有儿童享有高质量或有质量的学前教育,很多学者对促进幼儿个性发展方面发表了相关的论著,加德纳教授提出,"努力去发现并高度重视儿童存在的多元差异,不断地提供和调整与之相适应的多元活动环境,能帮助儿童发现、培育自身的智能优势,并以强项带动弱项的学习过程,实现每个儿童的全面、和谐的发展";日本教育家佐藤正夫在《教育原理》一书中指出,"学生的能力差异并不是一成不变的,而是在相当范围内可以变化的……是教师通过对每个学生的个别指导以及交替采用集体、个别、分组等活动,使之相得益彰加以实现的"。日本于1990年开始实施的《幼稚园教育要领》在"总则"中规定:"要按照每个幼儿成长特点与个性差异进行身心两方面协调发展的教育。"

随着脑科学、心理学等学科的不断发展,科学家们越来越多地用先进的技术手段探知奥秘,揭开"认知"的神秘面纱。对于个体差异更深入的认识,促使人们采用更多、更有效的手段积极进行尝试和探索,将原本停留在主观意识上的美好愿望逐步转化为现实。1984年"多彩光谱"项目开始启动,尽管它没有冠以"个别化教育"的名称,但是,我们知道该项目的根本理念就是每个儿童都有不同的智能组合,一旦确认儿童的智能强项,教师就可以根据这些信息为儿童设计个别化的教育方案。顾明远先生曾论述教育现代化的特征，其中与学习方式密切相关的就是教育的终身性和全时空性，以及教育的个体性和创造性。教育的终身性和全时空性强调赋予任何年龄、任何教育环境以学习的力量，教育的个体性和创造性则强调赋予任何个体以差异的、独特的、批判的学习力量。

随着大量的前沿教育理论的传播，尤其是多元智能理论的传播，使我们有机会纵览全球学前教育的最新研究，认识到每一张看似平常的面孔背后，都有着一颗不平凡的心灵，也鼓舞我们更注重倾听儿童、帮助儿童，更深入地走进儿童的世界。

遵循幼儿身心发展的规律、特点、独特的兴趣与需要，以适合不同幼儿的方式成全其在全面发展的基础上个性化发展，开展个别化教育是实现这一追求的必由之路。

第二节　追根溯源——个别化教育园本化探索的历史沿革

我园始终聚焦"关注差异"这个前提，突破"要求统一、内容统一、方式统一、标准统一"，不断基于"个别化教育"理念开展创新探索，积累了富有园本特色的实践智慧和经验，为幼儿园办园理念的内涵深化与发展奠定了坚实的基础。

一、初探，变革教育方式

1997年9月，南阳实幼开办托班，迎来了首批低龄孩子，18名两岁多的"小不点"，全然不受规则的约束，教师们用尽浑身解数，仍然无法让他们围坐成一个圈进行互动交流，他们"按照自己的大纲发展"的年龄特点和个体间存在的发展差异，让教师们遭遇到前所未有的挫折和挑战，如何观察并了解2—3岁婴幼儿的身心发展特点，让他们尽快消除分离焦虑，喜欢幼儿园、喜欢老师，缩短入托的适应期，成为实践中亟待解决的问题。我们发现，即使只相差一个月月龄，个体之间的发展差异也很大，18个孩子都显现出鲜明的个性特点和发展需要，在与孩子的接触中，教师渐渐熟悉了托班婴幼儿的年龄特点，并豁然开朗：与其"硬拉"着他们走，不如顺应天性，"搀扶"着他们慢慢地向前走。只有因材施教，适当调整、优化群体活动的环境，使环境成为资源，才能让每个孩子与环境积极地交互，由此，个别化教育研究拉开了序幕。

我们开展"教育机构中2—3岁婴幼儿个别化教育行动的研究"，将托班的教学阶段划分成三个时期："环境适应期""发展和谐期""托幼过渡期"。尝试初步建立个别化教育的框架结构，从理论上确立个别化教育的课程体系，从实践上创新个别化教育的实施途径、操作方法，形成符合2—3岁婴幼儿发展需要的个别化教养方案（包括个别化教育目的、教育内容、指导原则和评价指标）。经过五年的研究，我们收获了关于2—3岁婴幼儿教养的行之有效的经验和做法，每一届的托班孩子在个别化教育的影响下茁壮成长，养成了良好的生活习惯，形成了积极的情绪情感，为步入小班的学习生活做好了充分的准备。

二、铺开，确立办园理念

课题的结题并不是研究的终止，而是新一轮研究的开始，研究的成功让我们树立了信心，也激励我们继续深入，我们将研究对象从2—3岁婴幼儿扩大到2—6岁幼儿，并于2003年9月，开启了新一轮课题"在群体活动环境中2—6岁儿童个别化教育行动的研究"。随着研究的深入，我们对个别化教育内涵的认识也由浅入深，初步确立"关注每一个孩子的需要，促进每一个孩子的发展"的办园理念，将个别化教育确立为南阳实幼园本课程的基本理念。在课程组织、实施中，进行研究成果的迁移、运用和再造，并指导教师结合各个年龄段个别化教育实践中的重点、难点，确立子课题，在观察评价、师幼互动、家园共育等方面开展研究，使儿童的发展差异成为群体活动的教育资源，切实提升教师"关注需要、尊重差异、促进发展"的个别化教育专业能力。

三、创新，深化办园特色

第二轮个别化教育行动研究将个别化教育的理念植入了每一位南阳教师的心中，停下脚步回顾以往的研究历程,顺应教改的新形势、时代的新背景,聚焦幼儿园的培养目标"促进儿童全面素质启蒙基础上思维能力发展见长",结合现实中的新问题,开展新一轮研究,进一步深化办园理念、办园特色。2009年5月,我们开启了第三轮个别化教育研究——市级课题"丰富活动模式,促进幼儿思维能力发展的行动研究",该研究的创新点是探索活动模式与幼儿思维能力发展之间的关系,"丰富"的内涵表现为因孩子而异,满足每一个孩子思维能力发展的需求;因教师而异,激励每位教师在三种基本活动组织形式(个别、分组、集体)之间灵活转换,创造性地演绎具有个别化教育特点的课程组织实施途径:在一日活动背景下开展幼儿发展独特性表现评价,为每一位幼儿制定个性化发展目标;采取"同质分层、异质分群"的分组教学组织实施策略;追踪幼儿的发展,尝试开展个别活动、分组活动、集体活动的转换等等。经过近三年持续不断的新一轮探索和深化总结,顺应差异、遵循特点、满足需求、富有活力的丰富活动模式,成为了南阳实幼园本化幼儿思维能力培养的新成果。

四、深化,确立课程理念

伴随着前三轮市级课题的研究,幼儿园办园理念、办园特色在关注个别的深入教育实践中相依相随、相生相长,南阳实幼的课程建设开始从形式上突破创新走向了内涵的深化发展。在这个关键时刻,需要以批判质疑的精神来反思个别化教育理念向实践转化中的瓶颈,在传承经验的基础上寻找问题,明晰并保持优势与经验,摒弃并改进弊端与不足,使课程在传承中可持续发展。

2015年9月,我园加入了上海市提升中小学(幼儿园)学校课程领导力第二轮行动研究的项目组,开展"幼儿园个别化教育策略优化的行动研究——课程内涵深化背景下的反思与实践"的研究,锁定项目研究的核心问题——支持儿童的主动发展,在课程内容开发、资源配置、过程实施与评价等方面展开第四轮的个别化教育行动研究。

"什么状态才是主动的呢?"教师们充分对话,描述着头脑中的画面:亲身参与、充分感受、积极体验。在亲身经历的过程中,主动的状态才能得以呈现。教师们不约而同都提到这个词——经历!经历,是一种主观体验,不同的个体参加同一个活动,可能会积累不同的主观经验，收获不同的情感体验，获得不同的需要满足。我们要做的就是为孩子的经历创设机会和条件，并配合每个孩子不同的成长节奏，支持每一个孩子在不断的挑战中增长经历，支持每一个孩子更充分、更主动地去经历，引导他们在充分、主动的经历过程中去认识自己、接纳自己、激励自己，从而树立自信，成为更好的自己。这个词的内涵与个别化教育的意义和价值不谋而合，2016年10月，南阳实幼确立了课程理念——让每一个孩子经历自己的学习过程。

课程理念的提出，标志着个别化教育研究视角的转变——从教师的教转向为幼儿的学，即从教师促进幼儿发展转向为教师支持幼儿发展。

幼儿的发展是作为一个生命的整体的发展，是一种在环境支持下的富有个性的、自然和谐的生长。对于课程理念中的关键词，我们的理解如下。

（一）"经历"是幼儿亲身体验的学习方式

1. "经历"的内涵

《辞海》中"经历"是指自身或他人见过、做过或遭遇过的事。[①] 在本研究中用作动词，是指亲身见过、做过或遭遇过。杜威说："学习是经验的不断改造。"叶岚认为经历学习是幼儿天生的一种学习方式。可见，"经历"是幼儿通过亲身体验，发现和认识世界的学习方式。我们认为，经历是人成长中的财富，幼儿在经历中建构经验，探索和发现世界；经历是一种主动的状态，愿尝试、想参与、自信且大胆；经历是一种切身的体验，有好有坏，有时快乐，有时糟糕，或是经验，或是教训；经历是一种主观体验，不同的个体参加同一个活动，可能会积累不同的主观经验，收获不同的情感体验，获得不同的需要满足。

2. "经历"与"主动学习"的关系

杜威认为，学习是主动的，教育必须从探索幼儿本身的本能、兴趣开始，引发幼儿的主动学习，而且主动学习很重要的表现是"心理的积极开展"。如果成功了，随之而来的喜悦对幼儿来说是巨大的，会激起幼儿争取更大成功的欲望。即使有可能会遭遇失败，这种失败的情感体验也会转化为继续努力的动力，这时候幼儿呈现的状态是最主动的。

---

① 夏征农，陈至立. 辞海：第六版[M]. 上海：上海辞书出版社，2011：599.

皮亚杰强调认知发展的主动性，强调活动、兴趣和需要对主动学习的重要性，认为教育必须致力于发展幼儿的主动性，教师应当明确思维能力培养的目的在于造就智慧的主动探索者。幼儿天生具备主动学习的能力，教育需要在认可幼儿的前提下，提供宽松自主的环境，给予主动学习的机会。[①]

高瞻课程理念（High Scope）认为：在整个生命周期里，大脑有不断改变、形成新连接（可塑性）的能力，因此，在人的一生中主动学习都发挥着至关重要的作用。幼儿的学习最好是通过追求他们个人的兴趣和目标，通过与他人、材料、事件和思想的积极互动，建构新的理解。主动学习包括四个要素：直接操作物体、对行动做出反思、把学习兴趣作为学习资源和问题解决。与此同时，它还体现出以下特征：主动学习是幼儿以自己的方式与材料互动的身体活动；是幼儿对身体活动进行反思的思考过程；能够为幼儿提供解决问题的机会；其以幼儿的内部学习动机为基础。

岸井勇雄认为幼儿学习与发展的关键是获得具有不可估量的"快乐体验"（经历），即"做想做的事的快乐（自发性、主动性发挥），全力投入活动的快乐（全力活动），把做不到的变成做得到的快乐（能力的增强），把不知道的变成知道的快乐（知识的获得），进行创造的快乐（创造），自己的存在被他人承认时的快乐（人格认同）等"[②]。

以上的观点都提到了"主动学习"对于幼儿学习的热情、思维的能力、学习的品质发展的重要性。

"学习金字塔"模型最早是由美国著名的学习专家爱德加·戴尔提出的，该模型分别列举了四种被动学习方式和三种主动学习方式，在被动学习方式中，学生的参与度非常低，平均学习保持率都不超过 30%；而主动学习则相反，学生的参与度较高，其平均学习保持率可以高达 90%。由此模型可以发现，经历与学习效果之间是呈正相关的。[③]

陈鹤琴先生认为："凡是孩子自己能做的，应该让他自己去做；凡是孩子自己能想的，应该让他自己想。"孩子在做自己想做的事情时，会体验到各种情感，这种体验反过来会影响他

[①] 冯雅静. 谈主动学习对幼儿发展的价值——以种植活动为例[J]. 文教资料,2018(19):186—187+204.
[②] 岸井勇雄. 未来的幼儿教育:培育幸福生活的能力之根基[M]. 李澎译. 上海:华东师范大学出版社,2010.
[③] 卢明. 学历案的教学范式:创造有意义的学习经历[J]. 教育视界,2016(11):37—40.

们做事的欲望和兴趣。

叶岚认为：幼儿园教育应让幼儿在日常生活中、在经历事件的过程中积累知识经验、习得多种技能、发展多方面能力、体验各种情感，从而获得全面和谐的成长。① 在这样的经历中幼儿学习的主动性得到了尊重，自主的要求得到了满足，他们在体验到这种尊重和满足带来的快乐后，必将产生出更为积极主动的学习兴趣和要求，从而逐步形成较为稳固的、积极的学习态度和品质。

因此，我们认为，经历与主动学习是一个相互融合、无法分割的整体，经历本身就是一种学习过程，幼儿在经历中成长与发展，形成积极主动的学习状态，而主动的学习状态有助于幼儿更好地经历学习过程。

（二）"经历自己的学习过程"是幼儿独特的、主动的发展过程

《辞海》中的"学习过程"指学生在教育情境中通过与教师、同学以及教育信息的相互作用获得知识、技能和态度的过程。这是狭义的解释。

现代认知理论提出，"发展"是指认知结构的建构，是广义的"学习"。有学者指出，幼儿的学习既受发展的制约，又能推动发展；幼儿的发展既是学习的基础，又表现为自身学习的过程及结果。可见，幼儿的学习过程是广义的学习，是与发展相统一的。

学习过程是幼儿亲身经历和体验的过程，是广泛的、动态的过程。它包含两层意思：其一，这种学习过程是独一无二、不可替代的。其二，这种学习过程中的成长和进步，不是和别人比较得来的，而是自身的不断累积和变化。

蒙台梭利认为，儿童的生命都是个别而独特的。现代学习理论指出：有意义的学习一定是学习者主动建构的过程。美国教育学家 L. 迪·芬克提出了"教学应为学生创造有意义的学习经历"的教育观。他认为学习是需要过程的，"有意义的学习经历"存在于一种具有强大影响力的学习经历之中，学生会充满兴趣地投入到学习中去，随之而来的是高度的活力，整个学习过程将让学生学到更多的有意义的东西。李季湄指出，幼儿日复一日不断的、渐进的积累过程是发展的"量变"，阶段性特征是其发展的"质变"，幼儿是通过不间断的"量变"来逐

---
① 叶岚. 经历学习：回归幼儿学习的本真[J]. 学前教育研究，2008(09)：58—59.

步达到新的发展阶段的。可见,幼儿的学习过程是独一无二的、是个体从量变到质变的主动发展过程。

经历自己的学习过程,彰显了幼儿在学习过程中的主体地位,也体现出教育者对幼儿学习过程的珍视与尊重,教师要支持幼儿以自己的学习方式去认识与发现世界,留下富有个性的成长烙印,让他们通过多种感官去尝试、去体验,亲身参与自己的学习过程,在学习过程中获得"主动经历"的素养和能力,包含学习的热情、思维的能力、学习的品质。

第三节　承前启后——个别化教育支持框架的初步构想

前期的探索研究,使我们对个别化教育的意义、价值的认识,上升到了前所未有的高度,也激励着我们将课程理念与培养目标更有机地整合起来,让幼儿在主动经历的过程中获得全面素质启蒙基础上的思维能力发展见长。对于"全面"与"见长"的关系,我们是这样认为的:"全面素质启蒙"是人可持续发展的奠基,"思维能力发展见长"是人可持续发展的动力,"全面"是教育的目标,"见长"是促进目标达成的助推器。在全面素质启蒙的过程中,我们抓住了人发展的核心——思维能力,通过思维能力的培养"授人以渔",教给幼儿学习的方法,让他们在主动发现问题、解决问题的过程中更主动地学习,获得良好的全面素质启蒙。"全面"与"见长"两者是整合的、相互渗透、相互促进的。其一,从幼儿学习与发展的客观规律来看,发展不是割裂的,而是一个整体的过程,因此,在教育过程中要注重不同领域之间的相互渗透与整合,而不应追求片面;其二,促进幼儿思维能力发展见长是为了提升其整体的全面素质。因此,思维能力的培养必须落实于全面素质启蒙的过程中,在生活、学习、游戏、运动之间建立广泛联系,引导幼儿在一日活动中去理解、迁移和运用知识,主动积极地解决问题。而非仅关注单个领域的培养,更不应该是一种机械的思维训练。因此,要把思维能力发展见长放在全面素质启蒙的背景中、融于幼儿园一日生活全过程(运动、生活、游戏、学习等活动)

中,去看、去做、去评价,让幼儿在发现问题、解决问题的过程中,获得思维能力的发展。

新的问题又浮出水面:如何把握思维能力培养与全面素质启蒙的关系?如何从个性化思维培养的视角来反思以往在环境创设、师幼互动、发展评价三个方面的经验与弊端?诸如,环境的创设如何在更大程度上体现出丰富性、多样性与层次性,以诱发和满足幼儿多元的探究兴趣与需求;师幼建构中的互动,如何更好地平衡师生间、群体与个体间转换与回应的度,从而引发幼儿更多地分享发现、提出质疑,从而形成独立的见解并善于倾听和接纳他人的想法和意见;如何以发现进步的发展评价视角,看到思维能力发展的方方面面,不断激励每一个幼儿去尝试、去努力、去改变……个别化教育支持框架的构建,从幼儿园教育对幼儿心智模式形成与发展的重要影响出发,对幼儿思维能力的培养内容、方法和途径进行纵向分层、横向分类的个性化设计,通过教育三要素——环境创设、师幼互动、发展评价的优化,进而对园本化课程实施方案进行系统性和有逻辑的梳理与架构,在科学性、规律性、应用性方面做进一步探索,形成具有"南阳"特色的思维能力培养方案。

一、提出构建支持框架的设想

"环境创设""师幼互动""发展评价"(简称"三要素")之间存在逻辑关系,相互影响。

(一) 环境创设和幼儿学习与发展的联系

幼儿的发展是作为一个生命的整体的发展,是一种在环境支持下的富有个性的、自然和谐的生长。在瑞吉欧教育看来,幼儿所获得的发展其大部分是幼儿自行与环境互动的所得。人类发展生态学家布朗芬布伦纳指出环境对于个体行为、心理发展有着重要的影响。[①]

(二) 师幼(生生)互动和幼儿学习与发展的联系

在瑞吉欧教育中,教师首先是最重要的角色之一,是与幼儿一道的学习者与"对话人",其次也是一名为幼儿提供专业知识资源与向导的研究者。[②] 教师应努力使幼儿在合作学习

---

① 车广吉,丁艳辉,徐明. 论构建学校、家庭、社会教育一体化的德育体系——尤·布朗芬布伦纳发展生态学理论的启示[J]. 东北师大学报(哲学社会科学版),2007,(04):155—160.
② 索长清,但菲. 幼儿学习品质培养的理论依托与路径选择——源于五种学前课程的启示[J]. 教育探索,2018(06):17—22.

中成为"共同建构者"。维果斯基认为,与独处相比,幼儿与教师或者同伴进行互动所获得的知识和技能要更广泛。美国儿童发展科学委员会也指出:幼儿生活的世界是一个彼此建立关系的世界,而这些关系几乎影响了他们发展的智力、社会性、情感、身体、行为和道德等所有方面。[①]

冯晓霞提出,在幼儿学习的过程中,教师应在观察的基础上,做出恰当的判断,并及时、积极地与幼儿互动,以有效促进幼儿的发展。孙佳青认为:师幼互动质量是衡量幼儿园教育质量的重要指标。高质量的学前教育可以促进幼儿认知和社会性发展,为幼儿进入小学学习和终身发展奠定良好基础。[②]

(三)发展评价和幼儿学习与发展的联系

《幼儿园教育指导纲要(试行)》指出:"教育评价是幼儿园教育工作的重要组成部分,是了解教育的适宜性、有效性,调整和改进工作促进每一个幼儿发展,提高教育质量的必要手段。"幼儿发展评价的目的是更好地支持幼儿的发展,评价结果直接给教师的教育提供依据。徐青主张,幼儿发展评价是为发展而评价,目的是教育者通过不间断的评估过程,改进实践,发现不同阶段幼儿成长的亮点和现状,并将之作为下一阶段的起点,追寻幼儿发展的轨迹。

我们认为,个别化教育要从理念转化为实践,就必须要使"三要素"成为一个坚实、牢固的支架,相互支撑,发挥积极的影响作用,有效地支持幼儿的主动发展。在《辞海》中,"框架"指的是一个支架,具有支撑性,是一个基本概念的结构,用于解决或者处理复杂的问题。这里的"支撑性"可以引申为个别化教育支持框架(以下简称为"支持框架"),发挥支持与保障作用。个别化教育支持框架,是指围绕幼儿园课程理念所建立的支持保障结构,是使"环境创设""师幼互动""发展评价"三要素借由"幼儿经历自己学习过程"进行循环整合。具体而言,提供满足需要的环境,形成同频共振的师幼互动,进行发现进步的幼儿发展评价,促使"支持框架"与幼儿"经历"之间相互作用、互为因果,从而确保每一个幼儿获得主动的成长与

---

① 埃米·L.多姆布罗.有力的师幼互动——促进幼儿学习的策略[M].王连江,译.北京:中国轻工业出版社,2018:10.
② 孙桂青.立足于儿童的全面发展提高学前教育质量[J].中国校外教育,2015,(06):146.

发展。

二、对个别化教育的实然反思

我们希望，每一个南阳的教师都能珍视经历，配合每个幼儿不同的成长节奏，为他们提供属于自己的学习机会，并支持和引导幼儿在充分、主动的经历过程中去认识自己、接纳自己、激励自己，从而树立自信，成为更好的自己。然而，在课程理念与教育现实之间，仍存在着差距，有待去行动、去改进。

（一）聚焦幼儿的主动学习

幼儿是学习的主体，支持幼儿的主动发展是教师一切行动的出发点。主动，体现出了幼儿作为发展主体的所发起的、自由的、自主的、从内心需要出发的积极行动，是由内而外的驱动，而非外界所强加的。在亲身经历的过程中，充分感受、积极体验，主动的状态才能得以呈现。在经历自己学习的过程中，主动发展的幼儿究竟是怎样的？我们又该如何支持幼儿达到主动状态呢？

（二）查找课程组织实施中存在的问题

在个别化教育支持框架建构的过程中，我们的脑海里逐渐呈现出一幅美好的幼儿园生活图，幼儿园像家一样充满爱和温暖，师生其乐融融地相处，各从其欲，皆得所愿。每每想起这个画面，我们的内心就生发出无限的向往，而在现实的个别化教育中，仍有很多问题需要去解决：

1. 对幼儿需要的支持需加强

在幼儿的学习过程中，教师往往会更多地从教育目标和成人的视角精心设计，并拉着幼儿朝自己预设的方向走，比如：教师捕捉到了幼儿的兴趣，满怀热情地设计开展分组活动，幼儿却拒绝道："老师，为什么叫我去？我不想去！"教师的一厢情愿遭遇到了幼儿"被参与"的状态。可见，对幼儿需要的判读与幼儿的真实需要之间，存在着差异，进而揭示出教育期待与幼儿需要之间的失衡、教师预设与幼儿生成之间的冲突、教师主导与幼儿主体之间的矛盾等。

2. 对幼儿发展的预见需加强

教师能关注到幼儿发展的差异，但可能会因此留下对幼儿的刻板印象，对幼儿的全面发展认识失之偏颇，看不到幼儿在成长中的进步，对幼儿当下的发展"贴标签"，缺乏对其未来发展趋势和潜能的预见与期待。

3. 课程理念的落实需保障

在调研和访谈中，教师在分享日常实践的经验与感悟的同时，也列举出一些与幼儿经历密切相关的因素，包括一日生活的作息安排、空间与资源等，以往的惯例与硬性的规定束缚了教师的手脚，阻碍了幼儿主动经历，这些问题均指向了幼儿园管理中的方方面面问题，亟待解决。

如何更好地保障教师落实基于儿童立场的教育支持，落实幼儿园的课程理念？如何通过"三要素"的整合运行，进行个别化教育支持框架的建构实施？这两个问题成为了我们赓续研究的着眼点与关注点。

三、对个别化教育的应然构想

（一）秉持"呵护天性"的儿童观

"呵护天性"是我们所秉持的儿童观。天性，是指生来就有的性情、品质等。儿童天性纯真、本自具足，是浑然天成的宝玉，那份与生俱来的"独特"有待成人去发现、尊重与守护。

1. 儿童是"唯一的存在"

人们常用"凡人"来称谓普通人，每一个普通人其实都不平凡，都是世界上唯一的存在，鲜活而富有个性。人与人之间存在个体差异，从生理学角度来看，性别、身体素质有差异；从社会学角度来看，家庭背景、生活经历有差异；从心理学角度来看，个性、气质、智力等有差异。各个方面的差异集于一身，彼此间不能完全剥离，形成了千丝万缕的联系，构成了一个个独特的生命体。我们认为，差异，并不能简单地与强弱、高低、好坏画等号，差异，就是不一样！

2. 儿童是与生俱来的学习者

皮亚杰的建构主义提到：学习不是由教师把知识简单地传递给学生，而是学生自己建构知识的过程。学生不是简单被动地接收信息,而是根据自己的经验背景,以原有的知识经验为基础,对外部信息进行主动地选择、加工和处理,从而构建自己的理解,获得自己的意义。的确,儿童的学习是自我建构的过程,他们是天生的探索家,对于周遭的事物充满探究的热情,他们的学习不以成人的意志为转移,在吸收、内化外界讯息的过程中,受兴趣与需要的驱动,呈现出自己的学习方式、学习速率等。

3. 儿童是具有潜能的发展者

婴幼儿阶段是人生的启蒙阶段,儿童在人生之初就显现出强大的生命力,0—6岁的每个发展阶段,都具有显著的年龄特点,各个阶段之间相互衔接,完成从量的变化到质的飞跃。从牙牙学语到清晰完整表达自己的观点和想法,认知能力的发展日积月累,水到渠成。在交织着量变和质变的发展过程中,呈现出非匀速性的特征。如,儿童个体各方面的发展是不同步的,动作发展往往比思维发展更快一些;又如,从发展的趋势上看,儿童的发展不是直线上升的,可能会出现波浪形的起伏,甚至会出现一时的倒退;从发展的速率上看,儿童的发展不是匀速的,可能有时快一些,有时慢一些,有时会出现突变的飞跃,有时又会出现停滞……

个别化教育所秉持的儿童观,指引着我们去关注差异、尊重差异、包容差异,发现和研究儿童的认知规律和学习特点,尊重儿童在经历中的主体性和能动性,以发展的眼光来等待、陪伴、期盼儿童的发展。

(二)倡导"在顺应中推进"的教育观

"在顺应中推进"是我们的教育观。个别化教育的实施,不仅是为了幼儿发展的活动,更是基于幼儿发展的活动。在研究过程中,我们秉持在顺应中推进的教育观,变"拉着孩子走"为"推着孩子走",放下划一的标准与传统的教育方式,接纳"不一样",并顺应儿童发展的共性特点与个性特点,尊重每一个幼儿的学习方式,敬畏每一个幼儿的学习特点,挖掘每一个幼儿的发展潜能,让他们充分释放天性,获得全面充分且富有个性的发展。

1. 让幼儿拥有多样的学习机会

很多时候,经历是一种积极主动的体验,比如主动探究、感受等;但有的时候,经历也可能是被动的,个体虽然身在其中,但却无法点燃参与的热情。正因如此,我们努力让每一名幼儿都能真正参与到自己喜欢的学习中去。著名教育家陈鹤琴说："凡是孩子自己能做的，应该让他自己去做；凡是孩子自己能想的，应该让他自己想。"幼儿在做自己想做的事情时，会体验到各种情感，这种体验会反过来影响他们做事的欲望和兴趣。机会是幼儿的发展之窗，"经历"需要各种机会，因为，只有不断地去尝试，发展的潜能才能得以显现。

2. 让幼儿用特有的方式来学习

幼儿主动经历的状态应该是怎样的呢？是知道或明确自己想做什么、能做什么，能按照自己的想法去行动，并专注、坚持不懈，乐于与他人分享成果，能及时总结经验教训，萌发新的学习兴趣与愿望。我们认为美国高瞻课程理论中提出的"计划—做—回忆"的动态循环，是一种主体的、个体的、开放的学习方式，具体来说，在"计划—做—回忆"的循环中，幼儿所经历的学习是自己需要的、有个性特点的、独一无二的：有明确的行动动机和目标、积极投入行动以达成目标、对行动作出评价。因此，我们在借鉴以往"幼儿自我计划、自我评价"的个别化教育成功的经验基础上，引入了高瞻课程中的"计划—做—回忆"，引导幼儿学会选择并做出决定、规划自己的行动、积极应对挑战和解决问题、学会对自己的行为负责，助推他们在经历中主动发展。

3. 为幼儿提供灵活的学习路径

经历是个体的主观行动和感受，在经历自己的学习过程中，每一个幼儿都在已有经验、认知能力、发展速率等因素影响下，获得属于自己的体验。在群体活动的环境中，教师应关注幼儿学习的个体差异，努力为每一个幼儿提供自由的探索时空，以契合他们独特的经历轨迹。具体而言，就是针对幼儿不同的兴趣、需要与问题，及时做出价值判断，灵活转换个别、分组、集体活动，顺应其在学习过程中的变化与生成，满足幼儿个性化的发展的无限可能。

4. 为幼儿创设充满挑战的学习情境

"促进儿童全面素质启蒙基础上思维能力发展见长"是南阳实幼的培养目标。思维源于问题，发现问题、解决问题是思维培养的出发点与归宿。建构主义认识论和情境教学理论都认为，"知识是情境化的，通过活动不断向前发展""没有情境，便不存在有效性强的学习"。宽松适宜的学习情境是激发幼儿探索知识的催化剂，能更好调动幼儿的主观能动性，使学习更具活力与成效。① 教师应织起一张纵横交错的网,使生活、游戏、运动、游戏相融合,一日活动与特色活动相融合,以问题为纽带,在一日生活中创设多维的学习情境,以激活幼儿的思维,鼓励他们发现问题、积极探究。

5. 让幼儿在共同经历中快乐成长

幼儿的学习离不开伙伴的支持与陪伴,教师应主动靠近幼儿,创设宽松、平等、和谐的教育氛围,支持、鼓励幼儿与伙伴充分对话,在师生、生生共建的合作行动中,体验成长的快乐,发展社会性和思维能力。

经历是童年生活的宝贵财富,它孕育着多样的发展潜能,为幼儿未来的生活埋下希望的种子,教师在呵护与珍视幼儿经历的同时,更要丰富与拓展它,发挥教育的作用。

(三) 主张"满足需要,支持发展"的课程观

"满足需要,支持发展"是我们的课程观。我们主张根据不同年龄阶段幼儿的发展水平和不同个体的认知、情感特点及活动需要,顺应幼儿的学习方式,最大限度地调动幼儿学习的积极性,有效助推其在经历中的自主学习、主动探究能力的持续发展。"让每一个孩子经历自己的学习过程",体现了课程对幼儿需求多样性和独特性的关注,在课程开发建设过程中,我们不断追问:什么是幼儿的真实需要?真实需要是由心萌发的内在需要,是"我要",而非"老师觉得我需要"。对幼儿来说,"我要"可能源于对物质的支持、精神的慰藉、问题的挑战、兴趣的满足等,真实需要是和主动发展紧密联系在一起的,当学习成为了幼儿自己的需要时,主动发展就伴随而至了。我们对个别化教育理念指导下的幼儿园课程做系统思考与整体规划,在充分总结以往个别化教育研究成果的基础上,梳理和架构个别化教育理念指导下的课程框架,我们将满足幼儿需求的过程作为课程结构优化的着力点,在课程诸要素中予以渗透:

A. 课程目标与计划——基于幼儿需要的动态诊断

B. 课程设置与内容——基于幼儿需要的共生共建

C. 课程组织方式与互动对策——基于幼儿需要的顺应支持

---

① 杨优优.创设真实学习情境 引导幼儿自主学习[J].教育观察,2018,7(12):53—54.

D. 课程评价——基于幼儿需要的科学发现

E. 课程管理——基于幼儿需要的支持保障

我们从活动内容的选择、实施途径的安排、适切方法的寻找、教育效果的过程性评价等环节，展开从理念到行动的变革：课程内容的选择，倡导师生共生，在把握不同年龄段幼儿发展群体共性的基础上，关注幼儿需要的多样性与独特性，以每一个幼儿的生活经历与经验为出发点，使课程内容丰富、多样、可选择，更好地满足幼儿的学习与发展需要；课程的组织实施，支持幼儿运用"计划—做—回忆"的动态循环，主动地经历学习过程，为每一个幼儿提供因人而异的发展机会，并鼓励幼儿大胆发表见解、提出质疑；教育方法的选择，充分调动幼儿的多种感官亲身投入活动，在"做中学""玩中学"的过程中去探索和发现；课程评价的内容、途径和方法，尊重幼儿个体发展的独特性，在一日活动的全过程中观察、判断和发现幼儿的发展需要以及动态与趋势，为顺应与支持提供客观依据。

综上所述，我们提出"让每一个孩子经历自己的学习过程：幼儿园个别化教育支持框架的建构与实施"，在审视已有成果的基础上，从现实问题出发，在科学性、规律性、应用性方面做进一步的探索，切实保障课程理念的落实，有效支持每一个幼儿的主动发展。

第二章

经历的载体
——满足需要的环境

"环境"是幼儿园生活的重要场域,也是幼儿成长与发展的重要载体。幼儿园的环境是有层次的:第一个层次指向保障层面,教师是环境创设的主体,从教育者的立场出发,围绕预设的教育目标和教育内容创设环境,为幼儿在园的一日生活提供基础的物质保障;第二个层次指向发展层面,师生是环境创设的双主体,教师从儿童的立场出发，围绕幼儿发展的共性与个性需要，提供契合的时空与条件，引导和支持幼儿参与到环境创设的过程中；并在与环境的互动中获得主动的成长与发展。 在研究中，我们把握幼儿园环境与幼儿经历之间的关系，以个别化教育的理念来创设指向发展的幼儿园环境，让环境更好地满足幼儿的发展需要。

第一节　幼儿园环境与幼儿经历

环境通过潜移默化的方式对幼儿产生深远而持久的影响,且年龄越小影响越显著,正因如此,关于幼儿园环境创设的研究,一直以来都是全球范围内学前教育实践领域中的重要命题。

一、环境对幼儿经历的重要意义

蒙台梭利曾说:"在教育上,环境所扮演的角色相当重要,因为幼儿从环境中吸取所有的东西,并将其融入自己的生命之中。"瑞吉欧教育将环境视为幼儿的"第三位教师",强调为幼儿创设获得我感觉的环境,这种自我的感觉,是幼儿自我肯定、学习和发展中的生命要素,幼儿用各种不同的感官与世界的各种元素互动,从互动中了解世界,进而认识自我。高瞻课程理念认为,只有当创设出的环境充满有趣材料并且组织良好时,幼儿才能在各个发展领域进行主动学习,这样的环境有利于幼儿的智力发展、情感发展、社会性发展、身体发展及艺术发展。我国近现代儿童教育家陈鹤琴提出,幼儿园环境是"幼儿所接触的,能给他以刺激的一切物质"。南京师范大学教授王海英倡导回归儿童立场的幼儿园环境创设,认为环境是重要的教育资源,它是儿童生长的物理空间、心理空间、精神空间,环境与幼儿园课程、儿童发展相辅相成。《纲要》提出:环境是重要的教育资源,应通过环境的创设和利用,有效地促进幼儿的发展。

综上所述,我们认为,"幼儿"与"环境"相互依存:一方面,幼儿园环境为幼儿提供物质和精神基础,是幼儿生活和学习的资源及载体,环境对幼儿经历起主导作用,影响和制约着幼儿经历的宽度和深度;另一方面,幼儿在与环境的交互中创造和改变着环境。"天高任鸟飞,海阔凭鱼跃",宽广的大自然,让万物得以肆意生长,我们希望,幼儿们也能像小鸟那样翱翔,像鱼儿那样欢腾,展现出蓬勃向上的生机,获得主动经历和充分发展,从幼儿经历的角度,找到他们主动与环境互动的关键——个体的内在需要。

二、需要引发幼儿与环境积极互动

需要,是感到某种缺乏而力求获得满足的心理倾向,它是个体对自身和外部生活条件的要求在头脑中的反映。3—6岁幼儿的需要丰富且多样,既有其所属年龄段的共性需要,也有与生俱来的、独特的个性需要。我国科学家在《脑科学与儿童智力发展教育》咨询报告中提出:在保证孩子安全健康的基础上,要充分觉察并满足其身心发展需要。同时,脑科学和发展心理学家的许多研究成果揭示,儿童早期需要的满足对今后的人生产生重要影响。学者郭宗莉认为,从儿童发展心理学的角度,"需要"是儿童心理和谐发展的重要因素,"需要"是儿童所有言行的基本动力,也是促进其个体活动的内在动力源泉。《上海市学前教育课程指南(试行稿)》提出,课程应满足每个幼儿对安全与健康、关爱与尊重的基本需要,并为幼儿提供平等的学习与发展的机会。《纲要》明确提出,幼儿园应为幼儿提供健康丰富的生活和活动环境,满足他们多方面发展的需要,使他们在快乐的童年生活中获得有益于身心发展的经验,有效地促进幼儿的发展。"幼儿的学习是以直接经验为基础,在游戏和日常生活中进行的……创设丰富的教育环境,最大限度地支持和满足幼儿通过直接感知、实际操作和亲身体验获取经验的需要。[①]"美国著名心理学家马斯洛的需要层次理论,将人的需要划分为五个层次——生理的需要、安全的需要、情感与归属的需要、尊重的需要及自我实现的需要。由美国心理学家德西(Deci)和瑞安(Ryan)提出的自我决定理论(self-determination theory,简称SDT)是关于个体自我决定行为的动机过程理论,该理论中的自主学习观点指出,学习动机的能量和性质,取决于情感需要的满足程度,要给予学生自主支持,满足学生的三种基本

---

① 上海市教育委员会.上海市学前教育课程指南(试行稿)[M].上海:上海教育出版社,2014:10.

情感需要：归属感、胜任感和自主感。在本书中，我们认为幼儿的需要分为"生理的需要""情感的需要"和"认知的需要"。其中，情感需要，指向幼儿自主发展中的归属感、胜任感和自主感；认知需要，指向幼儿发现世界、探究世界中所显现的经验、兴趣等。幼儿受内在需要的驱动，与环境互动并获得发展，因此，环境创设的开端，从发现、捕捉幼儿的需要做起。

第二节　基于幼儿经历视角下的对幼儿园环境创设的思考

基于环境对幼儿经历的重要意义，以及对幼儿内在需求与环境的相互关系的理解，我们提出，创设能尊重、包容群体多样性和个体差异性的环境，以更好地满足幼儿发展的共性与个性需要，提供幼儿动手、动脑、自由交往和自我发现的机会，激发兴趣、激活思维，让幼儿充分地与环境交互，经历自己的学习过程。

一、在幼儿园环境创设中存在的问题

在幼儿园一日活动中，幼儿是否能投入环境？投入的程度如何？幼儿的需要是否被关注与满足？深入现场，我们有以下发现。

（一）环境与幼儿尚未形成紧密联结

环境创设是幼儿园教师的日常工作，也是教师工作评价的重要内容之一。长久以来，教师习惯于埋头布置、更换和调整环境，以迎接日常巡视与检查、督导。以教室环境为例，走进教室一看，四周的墙上贴得满满的，有主题活动墙、生活活动墙等，沉浸其中细看，幼儿与环境互动的状态、互动的频率、互动的效果都不甚理想。环境就在那里，幼儿却视而不见，这些似乎与他们当下的生活、学习没有什么关系。在受行政驱动的、为创设而创设的环境中，"有没有"是评价的重要指标；另外，追求环境整体的美感，也是教师在环境创设中的关注要点。教师按照自己的审美偏好来布置环境，环境对幼儿来说，更多只是一种观赏性的存在，教师

对环境的理解仍旧是狭隘的、以自我为中心的,更多指向显性的、物质的环境,缺乏对环境存在意义的思考,忽略了幼儿作为学习主体的地位。

(二) 环境对幼儿的需要尚缺乏呼应

幼儿园教育有具体的培养目标和推进计划,创设什么样的环境、如何创设环境,蕴含着一个教师关于幼儿、关于教育的理解与设计。教师往往更多从"让幼儿经历"出发去思考"要不要"和"要什么":环境对于幼儿的发展有何促进作用?要为幼儿提供哪些学习资源?以自己的教育经验和认知逻辑来预设与创设环境。当幼儿生成的内容与教师的预设产生冲突时,教师往往不予回应。另外,幼儿时常会出现天马行空的、超乎教师想象的内容,当有限的资源无法满足幼儿的需要时,教师很少会去寻找变通与解决的办法,常常寻找不作为的理由并推脱了事。

二、幼儿园环境之问

教师往往会运筹帷幄,让一切尽在掌握,将环境创设的主导权牢牢握在自己手里,环境创设以教师的主观预设为主,与幼儿的内在需要之间存在较大的差距,这样的环境为难了幼儿,也为难了教师。环境应该服务于谁?幼儿园的一切环境,不是服务于教师的教学和上级的检查的,而是服务于幼儿的成长和发展的,不仅要"给予幼儿",更要"为了幼儿"。环境创设要努力做到"和而不同,皆得所需",环境应该是丰富的,包容每一个幼儿鲜活的个性化需要;环境应该是有意义的,而意义应当由幼儿的发展需要来赋予;环境应该是鲜活的,通过灵动的变化,呈现出每一个幼儿旺盛的生命力;环境应该是谦卑的,可以被支配、被想起,在任何幼儿有需要的时候。

第三节　满足需要的环境创设支持策略

幼儿渴望和环境建立深度的联结,这种内在的发展需要是环境创设的核心元素。在环境创设中,一方面要做"减法",学会"忘我",放下过多的主观臆断与惯性思维,使环境回归与幼儿经历联结的自然状态;另一方面要做"加法",把环境还给幼儿让其充分释放天性,积极发挥主动性和创造性,通过一加一减,少一分人为,多一分自然,更好地把握"教育目标与期待"和"幼儿需要与经历"之间的关系,使环境在动态中趋于平衡,朴素而真实、简单而丰富,承载起每一个幼儿学习与经历的全过程。

一、让环境静静等待幼儿需要

环境有柔与刚之分,柔性的环境是安静的、流动变换的,具有张力且蕴含着巨大的能量,包容接纳每一个置身于其中的幼儿。我们努力让环境变得"柔一点、再柔一点",来到幼儿经历的当下,随时随地准备提供服务,让幼儿自在地融入其中,感受到安全与温暖,萌生探索与表达的欲望,在与环境的互动中迸发出智慧和潜能。

(一)放下心中的预设

提及环境支持幼儿经历,教师总会情不自禁地想要做些什么,以此来激发幼儿的学习兴趣,然而,"有准备的环境"并不等于刻意设计的环境,按照教师主观意愿精心设计的效果并非都如设想的那般理想,这就涉及一个问题——是用环境来引发需要,还是让环境来迎合需要?引发需要或者是迎合需要,体现的是环境创设"为幼儿"与"幼儿的"不同的出发点,两者无关对错,都体现了以幼儿为中心的基本立场,应有机整合地运用到环境创设中,孰轻孰重的决定与判断取决于学习者内在需要的动态变化。在以往的环境创设中,教师更多地从引发需要的角度来主动作为,费尽心思、刻意地创设环境,效果却差强人意。从现在起,让我们开始尝试着放下心中的预设,做一个"守株待兔"的猎人。

案例:"聪明屋"里的辅助台[①]

在"聪明屋"(幼儿园专用活动室)里有一个"辅助台",上面材料齐全,应有尽有,到底有些什么呢?有大小不一的自制棋盘、泡沫板;有日常生活中会用到的材料,如绳子、夹子、盖子、骰子、积木、吸管等;有学习用品,如纸、笔、胶棒、卷笔刀、水彩笔、胶带等;有小工具,如剪刀、订书机、打洞机等;还有记录工具,如记分牌、记录板、平板电脑等。

"辅助台"名副其实,辅助孩子们解决各种游戏中遇到的问题,让我们看看,孩子们是怎么和"辅助台"互动的吧!

运用一种辅助物:

一名幼儿在玩游戏"红蓝棋"时,选择了两枚空白骰子,在一枚骰子上画上了红蓝两色,在另一枚骰子上写了数字1—6,接着同时掷出两枚骰子(颜色骰子和数字骰子)进行游戏,生成了新玩法:按颜色、数量取相对应的红蓝积木的对抗赛。

两名幼儿一起玩游戏"小兵大战",他们在原有数字骰子的基础上增设了一枚方向骰子(在空白骰子上画上、下、左、右四个方向的箭头),使小兵的行走路线更为多元,提升了"小兵大战"的挑战性,进一步积累了棋类游戏中商讨、制定、遵守规则等经验。另一组幼儿在玩"小兵大战"时,则在空白骰子上画了地雷和笑脸(地雷表示障碍,笑脸表示机会),新骰子的加入,使"小兵大战"的内容更为丰富,进一步拓展了对弈的经验。

运用多种辅助物:

幼儿A和B选择了九宫格棋盘和两种不同颜色的纸杯,把纸杯当成了棋子,玩"XO"游戏。幼儿C和D运用棋子和纸杯,玩"猜猜乐"游戏,将纸杯变成了"魔术桶",通过遮盖猜测棋子的数量,在数量变化的过程中进一步积累数的加减运算经验。幼儿E和F选择了大小不同的纸杯和十六宫格棋谱,玩"大吃小"的游戏,在比较、套叠的过程中,进一步积累大小比较、对弈等经验,获得了不同的智慧。

环境就在那里,等待着"主人"的召唤,幼儿们知道"辅助台"可以帮助自己寻找所需的材

[①] 该案例由上海市静安区南阳实验幼儿园裘艳老师提供。

料,收集学习的有效资源。一张不起眼的桌子,一个小小的细节,让幼儿在有需要的时候随取随用,成全了幼儿的创意,凸显了自主自由的探索与创造,呈现出自主发现问题并想方设法解决问题的过程。教师们感慨:孩子真聪明,他们的小脑袋里有着各种各样的奇思妙想,我们无法预知下一秒他们会创造出什么有趣而奇特的玩法,只要为他们准备环境,等待着惊叹和赞美就行了。

案例:计划桌的调整[①]

本学期的混龄活动恢复了,每周二上午进行混龄活动。幼儿园户外活动场地和三个楼面的各个活动室连通为一个整体,为孩子们的活动提供了更宽阔的活动空间和更丰富的活动内容。活动开始没多久,可乐跑来问我:"我搭好积木了,还能去哪里玩?"思瑶也凑上来说:"我玩好娃娃家了,还能玩什么啊?"在活动后的分享交流中,出现了同样的问题,多数孩子记不清有哪些活动室以及活动室都分布在哪里。为了支持他们更有目的、更全面地参与活动,我们将幼儿园活动室的分布图贴在一楼大厅的墙上,并在旁边摆放了一张计划桌,一来便于幼儿一边看分布图一边做混龄活动计划,二来便于他们在活动后进行回忆和记录。

然而,即使老师竭力引导和鼓励,也只有极个别孩子来做计划。为什么计划桌遭到了孩子们的冷落?在倾听了孩子们的想法后,我了解到以下几个原因:有的孩子觉得做混龄活动计划,要跑进跑出、跑上跑下太麻烦了;有的孩子习惯在自己的教室里做计划;还有的孩子看着墙上的分布图,在心里做计划。

摆放混龄活动计划桌是老师的"一厢情愿",刻意的环境创设,不仅缺乏便利性和灵活性,而且打破了孩子们日常做计划和记录的习惯,没有契合他们实际使用的需要。于是,我们站在幼儿使用的立场,对计划桌进行了调整:

① 不再限定做计划的时间和地点(一楼大厅),充分利用各个教室里的计划桌,支持幼儿就近使用;

② 在专用活动室和户外操场的角落增设计划桌,方便幼儿随时使用;

③ 在每张计划桌上提供不同颜色的计划纸:小班—黄色、中班—绿色、大班—蓝色,顺应各年龄段幼儿的计划用纸习惯;

[①] 该案例由上海市静安区南阳实验幼儿园庞艺伟老师提供。

④ 在一楼的平面分布图示意墙上投放幼儿的大头贴,支持他们通过贴头像的方式计划混龄活动。

在多个角落设置计划桌、计划墙,一周后,孩子们日常计划记录的状态又回来了,他们按自己的意愿、用自己喜欢的方式做着混龄活动的计划和记录,他们自由自在地在幼儿园各个空间里游走,参加活动的计划性和目的性都增强了。

环境创设的出发点是顺应和满足幼儿的学习与发展需要,当幼儿的行为发生偏差时,教师思考的重点应当是如何调整环境,而不是如何控制幼儿。当环境契合幼儿的需要时,教师想要幼儿去做的事,也可以转变成幼儿自己想要去做的事,在柔性的环境中,教师的心中少了一分预设,多了一分从容,陪伴幼儿一起经历着自己的经历,让学习自然而然地发生、发展。

(二) 打破无形的壁垒

为确保日常教育教学工作的有序开展,幼儿园在保教过程中有很多惯例的做法,然而,从"让孩子经历自己的学习过程"的课程理念来反思,这些惯例都是正确的吗?成人视角下对于幼儿园时空、资源的配置与安排,在保障教育教学常态化的同时,却牺牲了很多契机,阻碍了幼儿充分地经历。当"惯例"遇上"需要",我们面临着诸多冲突与挑战,也努力摒弃习惯的思维,打破固有的边界,让环境变得更为柔和。

1. 打破空间的壁垒

从空间上进行机械的物理分割,将幼儿划分到不同的园区、不同的班级,乃至不同的小组,这样的做法虽然有助于归属感的建立,但也无形地在幼儿与幼儿、班级与班级之间筑起了壁垒。在环境创设的研究中,我们打破空间的壁垒,通过共同合作的方式设计和组织活动,让幼儿在幼儿园里遇见更多人。

案例:推倒心中那堵墙[①]

新年的脚步越来越近了,幼儿园被装扮得火红火红的,孩子们最喜欢的就是大厅里那一堵金灿灿的红包墙。抽一个大红包,是每年迎新年的保留节目。红包抽完了,红包

[①] 该案例由上海市静安区南阳实验幼儿园章婷老师提供。

墙又变回了原来的素净大白墙,看着它,我脑子里突然冒出一个想法:给每个班级一块"自留地",让每一个班级、每一个孩子都有参与的机会,大家一起来布置环境、自制心愿卡、写福字、剪春字等,让现在这堵大白墙重新鲜活起来!对,太棒了!

陈老师问:"可以不要以班级为单位,让孩子们在墙上随便画吗?"(经过重新粉刷整修,原来大厅里那堵大白墙,已经被改造成了可写可画可吸的磁性涂鸦墙)这个问题把我问懵了,就这样让孩子们随便涂涂画画真的可以作为环境创设吗?孩子们真的行吗?……"跨界合作、友爱融合,让孩子们自由发挥,说不定会有意想不到的惊喜哦!"陈老师对孩子们创造惊喜的期待溢于言表。

给孩子们充分的机会,可能真的会给他们带来无限遐想,无限的创造动力……为什么不试一试呢?虽然仍然心存一些疑惑,但我还是接受了她的提议。第二天,各个班级的孩子们都来了,瞧,他们用磁力片造出各种造型的房子、小猪游乐场、新年鞭炮,还制作了各式各样的可爱小猪迎接猪年,剪春字写福字,贴漂亮的窗花……孩子们三三两两,或小组合作,或独自工作,或涂涂画画,或拼拼贴贴,那灵巧的双手,专注的神情,正是"经历"最好的诠释。经过一上午辛勤的努力,最后的成品足以颠覆我之前所有的疑问和困惑,太美了!孩子们创造出的迎新墙,让我赞叹与欣喜!

这次跨班布置大白墙的行动,加深了我对课程理念的理解:经历,需要机会——给孩子们多一些机会激发他们的学习热情;经历,是主动的获得——相信孩子们一定能行;经历,有着不一样的轨迹——你画画,我拼贴,孩子们用自己喜欢或擅长的方式来完成同一个目标;经历,让人变得更有智慧——在完成任务的过程中想办法解决问题;经历,是人与人,心与心的交流——和伙伴一起获得快乐的体验。下午放学时,看着孩子们自豪地拉着爸爸妈妈们介绍自己的作品,并不时地拍照留念时,我感慨万分,每个孩子都是课程理念最有力的宣传者。曾经,在我的心中一直有那么一堵墙,它应该是具有设计感的(事先规划布局好的)、分班级、有主题的,还应该是由师幼共同完成的……似乎只有这样,才能兼顾部分与整体、个性与美观。而此时,我对于班级"自留地"的执着被推倒了,从此,不再设限……我想,这就是新年送给我最好的礼物!

打破园部之间、年级之间、班级之间和班级内各个小组之间的固有边界,让幼儿拥有了更广阔的活动空间,也让幼儿意识到,自己不仅是班级的一分子,更是幼儿园大生态圈中的一员,并由近及远地萌发爱班级、爱幼儿园的情感。当他们有需要的时候,可以去使用、去支配幼儿园的每一个角落,在更为宽广的自主探究时空中,他们的经验得到了拓展和延伸,学习与发展无时无刻不在发生。

2. 打破时间的壁垒

以个别、分组、集体三种活动组织形式开展的生活、运动、游戏、学习四类活动是幼儿园一日活动中的重要组成部分。在课程的组织与实施中,我们遵循各年龄段幼儿的身心发展特点和动静交替的原则,统筹规划一日活动的作息安排。什么时间段开展什么活动,都计划得明明白白,安排得妥妥当当,教师按部就班地执行着,但这样日复一日的常态,是否能够真正满足幼儿学习的需要?当幼儿的需要被看见的时候,我们开始了反思与行动。

案例:护蛋行动[①]

近期,班级正在开展"保护鹌鹑蛋"的活动。我为孩子提供了真实的蛋,并将"保护蛋宝宝"的任务融入一日生活,渗透到游戏、运动中,为孩子的学习创设更为开放的环境。怎样才能在一天的幼儿园生活中保护好蛋宝宝,不让蛋破损呢?孩子们结合已有的生活经验,从家里带来了各种包装材料,把蛋宝宝小心翼翼地装进了盒子里,然后带着蛋宝宝开始了一天的活动。护蛋行动开始了,在这个过程中会发生什么问题呢?瞧,角色游戏中,娃娃家的妈妈投诉了快递员:"我收到的蛋都碎了!"针对问题,孩子们展开了激烈的讨论,有的说:"要把蛋用塑料膜包一下。"有的说:"用胶带把它固定在盒子里,不让蛋滚动就可以了。"还有的说:"用纸包住,再装到盒子里,这样就不会碎了。"看来,孩子们对于解决问题,各自都有办法。"接下去我们要带着蛋宝宝去户外运动了,你们再仔细检查一下自己的蛋。"在户外运动前,我留出了时间,让孩子按照自己的设想加固包装,思考怎么带着蛋宝宝又不影响运动。有的孩子要把包装盒制作成小背包,有的要用马甲袋拎着盒子……我满足了孩子们的要求,协助他们制作背包、提供塑料袋。终于,孩子们带着蛋宝宝出发了。户外活动时,孩子们或拎着袋子,或背着小背包,走独木桥、骑自行车、滚轮胎、奔跑,尽情玩耍,盒子里的蛋宝宝们是否完好无损呢?孩子们紧张地打开盒子一看究竟:森森最失望,他认为自己的盒子保护得最妥当,可是盒子里的蛋却破碎了;小豆苗和晶晶,虽然想办法把盒子内的空隙用塑

[①] 该案例由上海市静安区南阳实验幼儿园张炜老师提供。

料膜塞满,但鹌鹑蛋还是碎了。孩子们相互观察同伴的包装,通过观察、比较、讨论发现了蛋破损的原因:一是由于鹌鹑蛋在盒子里不停地晃动,碰撞到了盒子导致破裂;二是孩子们只考虑到了把盒子内的空隙填满,但忽略了蛋与蛋之间的相互碰撞。在相互探讨和回忆中,孩子们不断进行自我反思,最终得出结论:①如果要运输许多蛋,容器不能太小,要有足够的空间填充软的材料。②除了将空隙都塞满,还要在每个蛋外面包上软材料。产生问题的原因找到了,解决问题的办法也有了,孩子们再次加固包装,自信满满地期待明天的到来。

在"护蛋行动"中,我打破了时空的壁垒,让幼儿的学习探究与一日生活建立更广泛的联结,最大限度地支持和满足幼儿通过直接感知、实际操作和亲身体验获取经验,让幼儿在真实的情境中去感受蛋易碎的特性,并在发现问题、解决问题的过程中,获得思维能力的发展。

打破生活、运动、游戏、学习四类活动的界限,连通室内、室外活动,这种整合不仅是时间和空间上的拓展,更是幼儿经验的延伸与提升,创设有关联的情境脉络,并给予幼儿足够的、灵活的探究时间(这个时间是弹性的,可以是一段连续的时间,也可以是碎片式的时间,根据幼儿的发展需要和学习的特点而定),扩展学习环境的挑战性和多样性,支持幼儿自主开展个性化探究,让学习的经历由浅入深、循序渐进。当幼儿能够按照自己的节奏、追随自己的兴趣去积累经验、改造经验时,他们的投入程度和从学习中获得的满足感及成就感,就得以大幅提升。

打破壁垒,从外显的角度,指向看得见的东西,从内隐的角度,指向存在于内心和头脑中的观念与态度,在满足需要的环境创设中,教师深入反思环境与幼儿经历的关系,一次又一次地对已有的惯例说"不"。当教师赋予幼儿自主探究的时空权利时,幼儿更充分地展现出了在各个方面的特点和能力;当幼儿置身于有弹性的时空中,他们的学习与发展无时无刻不在发生,在"破和立"的环境调整与优化过程中,幼儿园环境变得越来越柔和,也越来越贴合幼儿的需要。

二、让环境主动对接幼儿需要

由于幼儿发展的个性特点存在差异,因此,每一个幼儿对环境中的人、事、物都存在不同的反应,环境中引发个体关注的刺激点也会有所不同。所以,环境创设亦要动静交替:一方面,要让环境柔和地、安静地等待幼儿的到来;另一方面,也要让环境发挥能动性,主动出击,回应幼儿多样的、多层次的需要。"满足共性,兼顾个性",是个别化教育的原则之一。在环境创设的过程中,不仅要把握幼儿身心发展的年龄特点与共性需求,更要关注幼儿发展的差异特点和个性需求,让环境主动地对接幼儿个性化的需要,回归幼儿的生活经验,支持幼儿在多重体验中与环境有效互动,大胆地探索、充分地表达,获得各种有益的经验。

(一) 丰富可选择

"条条大路通罗马",幼儿学习的过程,就像是在走迷宫,通往终点的路径是多样态的,只是行进中的线路轨迹各不相同,要靠自己摸索行进。只要努力坚持,不断总结经验教训,就能找到出口。丰富的、可选择的环境创设,为幼儿多样态的学习提供了物质基础,让每一个幼儿都能基于自己的兴趣、经验与问题,在环境中找到助力与支持,走自己的学习之路。

1. 丰富的环境

多样的环境,为幼儿的学习提供多种可能,丰富的学习材料、学习内容,多样的学习方式与支持手段,有助于幼儿根据自己的探究兴趣与经验,独立地开展自主学习。

> **案例:"自助"主题资料区的创设**[①]
>
> 基于大班幼儿查找主题资料的需要,我在教室里创设了"主题资料区",让幼儿通过自助而非求助的方式搜集资料、查找资料(图书、自制图书、视频、音频等),开展个性化学习。
>
> *点读笔与录音贴的运用*
>
> 幼儿处于前阅读阶段,主要通过看图片来获取信息,但图片信息往往是不全面、不细致的,于是,我投放了点读笔、录音标记等工具,帮助幼儿"看懂"书上的字,与资料区的图书更好地互动。这一辅助方法,大大增加了幼儿对读书(尤其是科学常识类图书)

---

① 该案例由上海市静安区南阳实验幼儿园马向昀老师提供。

的兴趣和理解。

手提电脑的运用

将电脑搬进了资料区，让幼儿尝试运用新工具来查找资料，获得初步的应用能力。既能提高查找的效率，也为他们更好地适应未来的学习与生活作准备。自从电脑加入到资料区的工具中，越来越多的幼儿愿意主动获取主题相关的信息，从"曹冲称象的故事"到"中秋节的由来"再到"端午节的习俗"……幼儿的学习资料来源不再局限于文字和图片，丰富的视频和音频资料也进一步拓宽了他们的视野。

平板电脑的利用

在阅读图书、观看视频时，幼儿被输入大量信息。当他们解决了问题，想要输出信息和同伴分享的时候，平板电脑不失为一个好帮手。我鼓励幼儿将搜集的主题资料进行整理，将学习过程中的资料查找和自己当下的探究之间建立联系，通过读书笔记、问题册等（呈现幼儿对问题的前期理解，记录不局限于符号表征，还可以使用拍照、录音等多种形式对寻找解决问题的方法进行记录），孩子们分享探究发现的愿望越来越强烈了，通过彼此间的分享交流，更多的幼儿加入到了自主学习的队伍中来。

这类支持工具多元、学习内容多元的支持性探究环境正越来越多地出现在教室中，来到幼儿的身边。这样的环境激发了幼儿学习的热情，幼儿主动地发现问题，并乐于自己去选择搜索资料的工具、记录和表征发现，最终解决问题。在满足探究与学习需要的环境中，幼儿们不仅在主题活动的开展过程中发现问题、探寻答案，而且越来越多地发现生活中、游戏中的问题，变得更能干了，变得更自主了。

2. 可选择的环境

学习是个体积极建构的、由量变到质变的过程，幼儿的学习就像是在走楼梯，由低到高、拾级而上，每一级台阶都是下一个登高的起点。在一日活动中，我们创设可选择的环境，让每一个幼儿都能找到"最近发展区"，勇于探索并不断尝试，从中获得成功的体验，萌发进一步学习的热情。

案例：不会拉拉链怎么办？[①]

随着天气渐渐变冷，进入教室后脱下外套、换背心成为每天早上的日常。我提供了小衣架，鼓励孩子将换下来的外套挂起来。"衣服怎么老是滑下来呢？"很多孩子都发现了这个新问题，经过讨论，他们找到了原因，并想出了拉上外套拉链的解决办法。在大家此起彼伏的欢呼声中，我注意到安安的小脑袋慢慢耷拉了下去，安安是班级中小月龄的孩子，我想，他可能觉得拉拉链是一件很难的事吧，我决定给他开"小灶"。我把安安的外套和衣架拿到他面前，一边复述儿歌，一边请安安跟着我一步一步做，安安尝试了好几次，连手指都因用力而微微泛红，但还是没能把拉链拉上。看着他努力而沮丧的模样，我赶紧安慰他："没关系，这个本领有点难，咱们慢慢学。"从那以后，我会利用来园挂衣服的机会，手把手地教安安拉拉链，并鼓励安安自己来试试，但结果都以失败告终。一天放学的时候，安安妈妈问："安安这些天早上情绪反常，总是有心事，问他，他又不说，在幼儿园是不是遇到了什么不开心的事情？"我听了心里纳闷，决定先观察。第二天早上，安安磨磨蹭蹭上楼梯，磨磨蹭蹭走进教室，呆呆地杵在衣柜前。安安的灰心和无助，让我找到了问题的答案。我猜，一定是因为他不会拉拉链的缘故吧。一次次尝试，又一次次失败，安安的自信心受到了打击。对于安安这样自理能力较弱的孩子，我该怎么帮助他呢？我所提供的是统一规格的衣架，为了让外套不从衣架上滑落，就必须要拉上拉链，这对于小班年龄段的孩子而言是一种挑战，班级里有和安安一样拉不上拉链的孩子，也有好不容易把拉链拉上，但却因占用较多时间，耽误了后续活动的孩子。"不会拉拉链怎么办？为什么一定要把衣服挂在衣架上呢？"顺着这两个问题思考，我豁然开朗：在家里，衣服也不全是挂起来的，叠、卷、吊都是收纳的办法，在幼儿园也可以用这些办法来整理衣服，让每一个孩子都能找到适合的工具，顺利地整理外套。我迅速在衣柜里添置了一格格的小抽屉、小挂钩、晾衣夹等。新工具投放后，看看孩子们是怎么整理外套的吧！外套上有帽子的孩子直接把帽子挂在挂钩上；外套拉链较紧的孩子选择用晾衣夹夹住外套；也有不少会拉拉链的孩子仍旧选择用衣架挂衣服……孩子们整理外套的速度明显加快了，安安呢，只见他快速脱下外套，找到了八爪钩，把衣服挂了起来，然后转头看着我，得意地笑了！

[①] 该案例由上海市静安区南阳实验幼儿园贾韵婕老师提供。

主动经历自己的学习过程中很关键的一点就是对学习有掌控感并乐于尝试,有选择的环境,是适宜的、能支持学习者一步步前行的环境,能够让幼儿获得"学习是快乐而有趣的"这种积极的过程体验。有选择的环境,是一种培育自信、发展能力的环境,它包容不同学习起点、不同学习能力的幼儿,让学习成为一种正在进行的体验,支持与鼓励幼儿以当下的状态去经历从"我不会"到"我能行"的学习过程,逐步获得掌控感。当每一个幼儿都感到自己能胜任时,学习不再高不可攀。

(二) 细腻而贴合

对集体产生归属感,是幼儿成长中重要的心理需求,只有当从环境中感受到安全的时候,幼儿才能全心投入到幼儿园的一日生活中。喜欢上幼儿园、喜欢老师和小伙伴,是幼儿真正融入幼儿园生活,形成归属感的表现。然而,每个幼儿的生理特点和个性特点都不相同,在形成和建立归属感的过程中,那些适应能力弱、有特殊发展需求的幼儿,更需要被看见、被关照。

1. 细腻而自然

适应环境、适应集体是幼儿从家庭走向幼儿园过程中的巨大挑战,在幼儿园群体活动背景下,教师应以平常心去接纳每一个幼儿不一样的行为,把自己的教育意图隐藏在环境中,循序渐进地"小步走、不停步",让环境中的小细节契合与满足幼儿的个性化需求,帮助幼儿寻找与环境之间的联结并逐步融入其中。

案例:绿沙发上的小星星[①]

苏苏长得白净又帅气,总是穿着漂亮的绿色衣服,还不太会说话。渐渐地,我发现这个男孩有点儿不太一样:有的时候,他会突然躺在地上打滚、哭泣;有的时候,他会毫无预兆地冲出教室;更多的时候,他一个人默默地躲在教室角落的地板上哇哇大叫,无论小伙伴们玩得多开心,他都无动于衷。我试过对他说,"苏苏,一起来跳舞吧""苏苏,和小朋友坐在一起好吗",也试过让小朋友去邀请他,还试过拉着他的手或抱起他,想让他加入集体活动,但反而把他逼急了,更拉远了彼此的距离。

---

① 该案例由上海市静安区南阳实验幼儿园李祎超老师提供。

主动出击不行，"来硬的"更不行，于是我不再勉强苏苏加入集体，调整了策略。我将一个可爱的绿色沙发，放在教室的角落里。第二天当苏苏走到那个熟悉的角落时看见了它，苏苏坐在沙发边的地板上，时不时用手摸着沙发，看来，苏苏很喜欢这个绿沙发。就这样，绿沙发渐渐融入了苏苏的"地盘"。我每次都会以固定的"苏苏你好呀"开场，走近他的场域，坐在绿沙发旁边做教玩具，或轻声和其他小朋友聊天。苏苏呢，已经能够非常自在地在绿沙发上坐着、躺着，时不时会在绿沙发上补觉，偶尔他也会"蹭"地从绿沙发上起身去拿玩具，再跑回绿沙发上玩耍，还会在我和他说"苏苏你好呀"的时候，重复说"好呀"。当发现苏苏频繁望着玩游戏的同伴时，我猜想，他可能对伙伴产生了兴趣，也许我们可以试着再往前走一点，于是我悄悄调整了教室的布局，把阅读角的桌椅、书架挪到了绿沙发旁边，果然，当伙伴们在苏苏身边看书的时候，苏苏非常有兴致地偷偷地观察着他们，如果被观察的小朋友回头看苏苏，苏苏会赶紧回头，把脸藏进沙发里。每当这时，我就告诉苏苏："苏苏，他是……"

12月的一天，我正坐在绿沙发边上，晔晔跑来和我聊天，苏苏窝在沙发里看着晔晔，嘴里说："是……是……"我突然明白了，赶紧接话："他是晔晔，苏苏，他是晔晔。""晔晔。"苏苏一边喊一边笑着把头埋进了沙发。又过了一段时间，我把绿沙发推到了离角落最近的"西瓜队"的旁边，早上苏苏来园时依旧一下子窝在了沙发里，可马上他站了起来，又把沙发推回了角落里。第二天，沙发又出现在了"西瓜队"的旁边，苏苏在沙发上躺了一会儿，又把它推回了角落里。我推出来，他再推回去，就这样，"沙发拉锯战"持续了两个星期，迎来了寒假。

新学期开学前，其实我很担心，过了一个月，苏苏还记得这里的一切吗？他还认识我们吗？要不要把角落里的绿沙发还给他？还是引导他坐在队伍里的椅子上？最终我选择了一个折中的方法，依旧把绿沙发放在了"西瓜队"的旁边，然后在教室的角落里放置了书架和桌椅。当苏苏看到他的"地盘"被占据时，会有什么反应呢？早晨我怀着忐忑的心情，迎来了苏苏，他先坐在绿沙发上，紧接着看向了那个熟悉的角落，当发现角落里放了柜子后，他没有再推沙发，而是安心地回到了沙发上，就这样，绿沙发上的苏苏加入了"西瓜队"。

三月，春暖花开，教室里的种子都开始发芽了，我发现苏苏不仅习惯了坐在"西瓜队"旁边，而且对身边的兮兮特别感兴趣。排队离开教室的时候，他会紧贴在兮兮背后。于是，我和兮兮悄悄商量了起来："兮兮，你愿意试试邀请苏苏坐到西瓜队的小椅子上吗?"兮兮想了想说:"没问题,那我给他搬个椅子,拉一下他。"兮兮先搬了一把椅子放在自己和绿沙发的中间,然后对躺在沙发上的苏苏说:"苏苏,你坐这里。"苏苏满脸堆笑,但没有行动,兮兮把苏苏从沙发上拉到了椅子上,又说了一次:"苏苏,你坐在这里。"接着,他坐到苏苏旁边,苏苏顺从地坐下了,而且坐了六分钟!有了这第一次的体验之后,苏苏有了两个座位,时而坐沙发,时而坐椅子,慢慢地,他坐在绿沙发上的时间越来越少了,终于,他融入了集体,可以自己搬椅子坐好了,绿沙发也渐渐被冷落了。

苏苏被诊断患有自闭症,是"来自星星的孩子",陌生的环境让他紧张和焦虑,看上去他一直习惯于一个人待着,但这绝对不是他的真实需求,他也渴望被爱,希望得到大家的关注和陪伴,只是无法控制动作、组织语言。教师不断调整环境,试探苏苏的反应,从绿沙发的悄然出现,到绿沙发旁边多出的阅读角,到绿沙发位置的微调,再到最后绿沙发的隐去,就这样一步步地把苏苏"逼"到了集体中。绿沙发移动的过程,蕴藏着教师对幼儿行为表现和心理活动的观察、理解、接纳。绿沙发就是一个自然的契机,它让理解、包容具象化,在持之以恒的信任和等待中,苏苏与环境建立了联结,也逐渐接纳了教师和同伴,融入了幼儿园环境。

2. 温暖而贴合

温暖而贴合的环境,是能与幼儿共情的环境,教师在悦纳幼儿内心感受的同时,创设专属的环境,允许幼儿用自己的方式,自由、充分地表达和宣泄内心的情感。这样有温度的环境,帮助幼儿从中汲取依靠和力量,更快地融入到幼儿园的生活中,从而获得归属感。

案例:菲菲的小画架[①]

新小班开学不久,菲菲走进教室,脸上露出了焦虑的神情,她抱着自己带来的娃娃,小手还有些颤抖。在短暂的观察后,我试着和她聊天,她没有拒绝和我的交流,并支支吾吾地说想爸爸妈妈了。

菲菲是个害羞、慢热的小女孩,在前两周的适应阶段,她虽然不像其他孩子那样哭闹,但也用自己的方式表达了对新环境的感受。我把她轻轻搂入怀里拍拍她,并尝试分

---

① 该案例由上海市静安区南阳实验幼儿园许华老师提供。

散她思念爸爸妈妈的注意力,瞥到了身边的小画架,我突然有了一个办法:家访的时候,家里人告诉我,菲菲很喜欢画画,或许可以试试,让她做自己感兴趣的事,或许她就开心起来了。我向菲菲提议:"菲菲,我们一起来画爸爸妈妈吧!"菲菲听到提议后,显然有点心动,我拉着她的手,一起来到照片墙,拿下了她的全家福,带着她到小画架前画爸爸妈妈。我问:"你是想自己画,还是和许老师一起画?"她指了指我,接收到了邀请,我就把手盖在了她的小手上,手把手地开动了。"先画谁呀?""妈妈!"我一边说一边画:"菲菲的妈妈真漂亮,眼睛大大的……"就这样,菲菲手中的蜡笔动了起来,她的情绪也慢慢平静了下来,画好了,菲菲笑了!我看着她的笑脸,也很是安慰,对她说:"菲菲,以后你想爸爸妈妈了,就把他们画出来,好吗?"菲菲点头答应了。

于是,教室里的小画架成了菲菲的"情绪板",想爸爸妈妈的时候,她就过来画画,虽然只是一团抽象的线条,但在她的眼中,这就是她最爱的亲人。画画的过程,给予菲菲内心的力量,在这里,她感受到了如同在家时的安全感。

情绪的宣泄和释放是幼儿的内在需要,由于年龄小,幼儿用语言表达情绪的能力有限,特别是对一些复杂的情绪,他们不仅无法觉察,更难以用平静的方式去表达。哭闹的背后,是幼儿对亲人的依恋、对陌生环境的害怕,哭闹中潜藏的个体的动机与需要,就像是海面下不可见的冰山,需要教师去分析和体察,并创设贴合的环境,呵护稚嫩的心灵,更好地满足幼儿真实的需要。

(三)灵活而变通

幼儿的需要随着经历的进程不断发生着改变。让环境活起来,时刻追随并灵活调整,才能与幼儿产生共鸣,更好地满足幼儿的兴趣与需求。灵活而变通的环境创设,体现着教师预设与生成的智慧。

案例:当"老环境"遇上"新需要"[①]

开学啦!我们收集每个孩子的全家福,开展了一次集体活动"我的家人"。孩子们举着珍爱的全家福向大家介绍:"我的家里有爸爸、有妈妈……"活动结束后,我说:"现

[①] 该案例由上海市静安区南阳实验幼儿园谢雯佳老师提供。

在请小朋友们把照片放回小盒子里吧！""为什么要放回去呢？""我想拿着照片！""我想把照片带回家。"……看到孩子们的不舍和失望，我赶忙安抚道："谢老师知道你们很想再多看一看全家福，我们今天先收起来，过几天大家把照片装饰好，贴在教室的墙上，你们就能一直看到了，好吗？"孩子们接受了这个提议，纷纷把手中的照片放进了盒子里。

没过一会儿，他们就嘻嘻哈哈地去玩别的游戏了，我却觉得不太好受。于是我宽慰自己："也许这是因为拒绝孩子总是一件不那么容易的事情。"当脑海中闪过"拒绝"这个词的时候，一场"头脑风暴"开始了……

"为什么拒绝幼儿的请求？"——因为按照往常一贯的做法，接下来要把全家福照片贴在墙上作为环境。

"为什么要把全家福贴在墙上作为环境？"——因为根据以往经验，环境中的照片可以抚慰、陪伴刚进入陌生环境后想念家人的小班幼儿。

"怎么起到抚慰和陪伴的作用呢？"——幼儿可以看墙上的照片。

"把照片固定在墙上让幼儿走过去看的环境创设方式，真的满足了幼儿提出的需要吗？"

当幼儿提出"我想拿着我的照片""我想拿在手里看一看"时，他们简单直白的表达中蕴含着复杂的内在需要，比如自我意识发展的需要——确认哪些是属于自己的东西，对属于自己的东西想获得掌控权；情感的需要——通过各种感官感受家人的存在，不仅是看，还有用手触摸照片、用嘴说家人的事、用耳朵听别人给自己的回应……

看来，"老"环境不再能满足"新"需要了。于是我接着"头脑风暴"起来……

"幼儿提出的需要应该被满足吗？"——我觉得应该被满足，拿着属于自己的照片看一看、摸一摸、说一说，既让幼儿得到了抚慰和陪伴，也让他们感受到自己的需要被倾听、被认同、被尊重。

"怎么才能满足幼儿提出的需要呢？"——如果当他们想拿照片的时候能很方便地拿到就好了。

"放在盒子里好像翻找起来很不方便。"——最好能一张一张摆放在显眼的地方，合起来能成为一个温馨的全家福环境，想分开时也便于幼儿根据自己的需要随取随放。

说干就干！我用毛毡布做成背景墙，在照片背面贴上雌雄搭扣，小班幼儿能很轻松地拿下和贴上照片，即使反复拿取很多次也不容易坏。如果幼儿早上来园时还没调适好心情，可以拿着照片参加来园活动；如果睡午觉时想要家人陪伴自己，可以伴着照片一起入睡；如果想和老师、伙伴聊一聊家人的事，可以取下照片一边看一边说……

简单改造后，孩子们和新环境的互动情况怎么样呢？

恬恬早上来园时还没调适好心情，她对老师说："我想拿着妈妈的照片和我一起玩。"于是她小心地把照片放在桌上，开始了区域活动；茂茂睡午觉的时候还有些不习惯，她轻轻地把全家福放在自己的小枕头边一起入睡；可可想和老师聊一聊家人的事，他在自由活动时间里取下照片，指着照片里的人说："这是我爸爸，他的腿特别长，一下子就能走到那边；这是我的姐姐，她是小学生了……"

这次经历也引发了我对创设满足幼儿需要环境的更多思考：

"老"环境，一是"老"在环境的主题、幼儿和环境互动的方式，比如小班入园时的全家福照片墙、大班时的值日生分工墙……这些环境年年有、代代传，几乎没有变化；二是"老"在关于环境创设、幼儿需要的观念，教师根据以往的经验、一贯的做法设计环境，认为"某个阶段的幼儿就会有怎样的需要""某种环境能满足所有幼儿的需要"，而忽略了倾听幼儿的真实心声，忽视了幼儿的个性化需要。

"新"需要，一是体现为幼儿的需要、表达需要的能力、自我意识的发展，不仅不同幼儿有不同的需要，而且随着多元化社会的发展，当代幼儿的自我意识和表达自我的能力在逐渐增强，他们更敢于也善于表达自己的需要；二是体现为教师的儿童观、教育观在更新，为更好地支持新时代背景下幼儿的成长，教师需要不断更新自己的观念以适应幼儿表现出的发展需求。

当"老"环境遇上"新"需要，并不意味着推翻重造。在上面这个故事中，幼儿想要从全家福照片中获得抚慰和陪伴的需要从始至终没有改变，只是他们期望和环境互动的方式从"听老师的做法"——固定在墙上，变成"我想要这样做"——可以按需灵活拿取，这是教师预先没有想到的。当倾听幼儿需要的观念和做法融入环境创设的整个过程中，环境就更能贴合与满足幼儿的需要。

案例:轮胎变变变[①]

在户外运动中我们投放了废旧轮胎,那么,轮胎是否如我们预期的那样,受到孩子的欢迎呢?在环境创设的过程中,我们又是怎样基于孩子的运动需要进行动态调整的呢?

轮胎变式一:轮胎山

最初,孩子们把轮胎从大器械下面一个个搬出来,或者随意堆叠在一起,在"轮胎山"上钻爬或者行走,或者将轮胎当成掩体进行类似于"打地鼠"的躲避游戏。有时,孩子们还会随手把操场上用来辅助运动的一些小器械,如小球、沙包、飞盘等等藏在这些轮胎里,让同伴来找"宝藏"。

随着时间的推移,渐渐地,"轮胎山"就很少有人问津了,我们分析可能的原因有两点:一是轮胎本身自重的问题,孩子们常常会抱怨"这个轮胎好重啊";二是孩子们玩轮胎的经验不多,摆放轮胎的方式比较单一,他们想不出其他的玩法。兴趣日减,时间一长,加之搬不动,那就索性不玩了吧。

孩子"抛弃"了轮胎,此时,我们该让轮胎退场,还是保留?之所以选择轮胎是因为它在发展幼儿运动能力上有着很多优越性,轮胎可移动,能随意摆放在场地任何一处;同时,具有多变性,一百个人可以放出一百种不同的造型。最重要的一点是,轮胎不拘泥于某一种固定的玩法,适合不同年龄段孩子运动技能发展的要求。基于这些优势,我们的选择是保留轮胎,努力让孩子爱上轮胎,真正玩起来。

轮胎变式二:轮胎赛道

如何在满足合理布局户外活动场地的同时,兼顾满足孩子的运动兴趣与需要呢?我们进行了一段时间的观察后发现,孩子们很喜欢骑着各种车穿梭在大操场上,常常还会有你追我赶的情形,看着操场上那一辆辆的小车"嗖嗖嗖"地从其他孩子身边驶过,老师的心提到了嗓子眼,要是这样"横行霸道",可真是太危险了。但是,再看看孩子们脸上洋溢着的无比灿烂的笑容,我们的心又被"融化"了。于是,那些"被遗忘"的轮胎随之发生了改变。

我们在大操场的正中间将轮胎围合成一个封闭的较长的椭圆形,类似于公园或者商场里开车的赛道。孩子们既能绕着这个"轮胎赛道"骑车,也能够在轮胎上进行一些

[①] 该案例由上海市静安区南阳实验幼儿园张蓓老师提供。

运动，一举两得。但在摆放后的几天里，孩子们似乎并没有领会老师的"良苦用心"，他们仍旧在大操场一边的跑道处骑着各种车辆，而在搭建好的"轮胎赛道"上只是短暂玩一会儿，就离开了。

孩子对轮胎赛道的关注远不及我们的预期，反思原因：一方面因为这仅仅是老师一厢情愿的创意，场地虽然变得更有序、更宽敞了，但孩子们更喜欢在充满障碍、阻碍重重的小路上骑车，这样更有趣味和挑战性；另一方面因为老师搭好的"轮胎赛道"在他们眼里平平无奇，几乎同一高度的轮胎也毫无挑战性，所以孩子们玩一玩就离开了。这次的调整以失败告终，我们决定按照孩子运动的特点和兴趣重新摆放。

轮胎变式三：轮胎＋大器械

吸取了上一次调整后效果不佳的经验，这一次我们决定不再由老师"导演"这场"戏"了，而是要充分发挥孩子们的主观能动性。要发挥孩子自主解决问题的能力，就要挖掘她们对"轮胎"利用的真正兴趣点和需求。于是，我们和孩子进行了谈话——"你觉得操场上什么特别好玩？说说理由"。在听取了孩子们的意见后，我们发现已经积累了一定运动经验后的孩子们更喜欢有挑战性的、刺激的、变化大的内容，我们也在实际的运动中观察到很多孩子对"攀爬一定高度""从高高的地方跳下来"等类似项目乐此不疲。于是，"轮胎"的使用又一次发生了变化。

这一次，为了满足孩子们对运动项目挑战性和趣味性的渴求，我们和孩子一起摆放轮胎，并将已有的运动大器械和轮胎连成了"一条龙"，让大器械和小器械之间有了衔接，大器械有挑战性、小器械多变化，孩子们在摆放的过程中，会按自己的兴趣、运动能力将轮胎叠放成不同的高度，有些孩子是单独摆放一个轮胎，有些则是将两三个轮胎叠在一起。这样运动的时候轮胎有高有低，充满了乐趣，常常能听到孩子们一边运动一边说："我还要再来一次！""我已经玩了好几次啦！""我不用老师帮忙也能爬到那个垫子上啦！""梯子下面是小河，不能掉下去哦。"……

孩子们在这条组合的道路上，发展出了各种运动技能。同时，在这个过程中，孩子们从最开始靠蛮力搬动轮胎，到现在一个人滚着轮胎走，两个人合作抬着轮胎走，解决问题的能力也在慢慢提升。这一次次的主动经历，不仅锻炼了孩子们的运动技能，还发展了孩子们的各种能力。为了让孩子们持续地进行高质量运动，后续我们又在此基础上对"轮胎一条龙"环境做了补充支持。

为了让这些轮胎"可持续发展"，也为了不断激发孩子们运动的兴趣与热情，"多变"

显得尤为重要。孩子们充满了好奇心、探索欲,充满新鲜感才能更好地满足孩子的运动需要。

后期,除了将轮胎与大器械结合,我们还组合使用了高凳、长梯和垫子。老师将高凳、长梯和垫子放置于固定的地方,其余的轮胎由孩子们自主摆放。这样一来,每次的户外活动环境在不变中又蕴藏了千变万化,不变的是由轮胎组合大小器械的整体环境,变的是每次组合的方式。因此,孩子们每次都能玩出新体验,也玩得乐此不疲。

终于,孩子们爱上了轮胎,并在玩轮胎的过程中,锻炼了勇气、增强了体质,满足了好奇心和求知欲。

教师看见幼儿的行为,更了解到行为背后的需要,通过"观察—了解—反思—调整"的行动路径,让环境主动对接幼儿学习过程中的多种需要,使幼儿与环境之间紧密相连,并在与环境的相互作用中,成为更主动的学习者。

三、让幼儿成为环境的创造者

在与环境的交互中,幼儿适应环境,被环境影响和改变,但同时也创造和改变着环境。幼儿有权对自己的生活空间提出设想,并进行自主的安排,教师要重视幼儿在环境创设中的主观能动性,在师幼共创环境的过程中,把空间留给幼儿,鼓励幼儿设计、策划,参与环境的创造与改造,为幼儿提供创造与发展的空间,给幼儿尝试、探索、呈现自己想法的机会,并帮助他们把想象变为现实,从而获得成就感。

(一)开放

开放,是指不设限制,教师不轻易评判、干预幼儿在经历中产生的种种需要;开放,是一切皆有可能,教师接纳和支持幼儿的想法与创意,并想方设法地给予支持。开放的环境,支持幼儿获取丰富的信息,激发思考与探究,形成新的认知和经验,在开放的环境中,师生是环境的共创者,相互影响、彼此推进,演绎出创意的精彩。

案例:"走进蒙德里安"①

围绕"跟着大师学画画"的主题,我们开展了一系列艺术创意活动:进行大师作品的欣赏和分析,帮助幼儿了解某一艺术创作的要素,引导和鼓励幼儿发现、感受艺术作品之美;在个别化学习活动中创设相应的多样化环境,鼓励幼儿运用不同的材料和方法(如绘画、拓印、撕贴等)进行艺术创作,表达和表现自己对艺术的理解、感受。

开展"走进蒙德里安"的活动后,孩子们跃跃欲试,纷纷拿起了手中的蜡笔和油画棒,在不同样式的格子轮廓中涂抹,填充了红、黄、蓝三原色,很快一幅幅亮丽的格子画跃然纸上。我把他们的画作贴在教室的玻璃墙上,孩子们对于这面墙很着迷,在闲暇时刻,经常围在作品前面看看、说说,自由地谈论。

一天,小美提出了一个请求:"王老师,我可以在墙上画画吗?"她指着玻璃墙问道。孩子们也随之露出了期待的表情。我心想,艺术是人类感受美、表现美和创造美的重要形式,也是表达自己对周围世界的认识和情感态度的独特方式。孩子们在初步感受"格子画"艺术美的基础上,不由自主地萌发出了更为大胆的创作欲望,想要在更广阔的空间里进行创作,我当然要支持,并且积极创造条件和机会来满足他们表现美和创造美的愿望,这不也正是"了解并倾听幼儿对艺术表现的想法和感受,领会并尊重幼儿的创作意图"的最好契机吗?于是,我回应道:"嗯!嗯!可以呀,我们试试吧!"当天下午,我就在玻璃墙上勾勒出了一幅大大的格子画轮廓,孩子们兴奋雀跃,开心极了!他们争先恐后地拿着刷子涂画,欢声笑语充满了整个美工角。

每个孩子心中都有一颗美的种子,在生活中孩子可以利用一切进行想象与创造,用自己的方式去表现和创造美,学会用心灵去感受和发现美。多元化的艺术材料和工具既能带给孩子新奇的体验、激发他们创作的兴趣,又能指向不同经验的发展、满足个体差异和需求。因此,我在思考,如果能找到一些身边的自然物或废旧物品一起加入"格子画"的创作表达中,那一定会让孩子们的创作过程更加精彩纷呈!玻璃瓶、彩色软陶、滚筒、印泥等各式工具和材料,持续点燃着孩子们的创作激情,形态各异的作品将美工区装点得分外鲜活、美丽。

幼儿所有的经历都值得记忆,所有的收获都值得珍藏。在"走进蒙德里安"系列活动临近尾声的时候,我们一起借助"格子世界"的艺术作品展再次体验和回顾过去的美

---

① 该案例由上海市静安区南阳实验幼儿园王瑶卿老师提供。

好瞬间,一边分享"最难忘的一件关于格子画的作品",一边参与展品的布置和陈列,孩子们自豪地叙述着令自己印象深刻的创作事件,比如:像"粉刷匠"一样在墙面上大大的格子里涂刷颜料;在玻璃瓶子上画格子;看着大家一起装饰好的帐篷"立"起来……欣喜和满足的神态溢于言表,他们对自己的创造充满了成就感。我仿佛看到了,不久的将来,他们成长为了一个个充满灵性的大师。

幼儿是环境的享有者,其权利不是被教师赋予的。当教师以开放的心态接纳幼儿的提议,并尽己所能地给予满足时,就是对幼儿学习莫大的支持和鼓励,在开放的环境中,幼儿享受环境、享受过程,让学习变得更丰富、更有趣味。

案例:小小发现家[①]

"蜻蜓开飞机,蟋蟀来摔跤;蜜蜂练长枪,螳螂舞大刀;蚂蚁练举重,蚱蜢学跳高;昆虫运动会,大伙劲头高。"儿歌《昆虫运动会》让孩子们初步了解了昆虫的外形特征,每个孩子都对自己感兴趣的昆虫进行了调查,为了满足他们的探索欲望,我创设了"小小发现家"的墙面环境,张贴了昆虫调查表。孩子们三三两两地围着调查表议论着,和同伴分享自己的调查与发现。在交流中,他们认识了很多昆虫,也对昆虫产生了浓厚兴趣。于是,我投放了《昆虫大全》、昆虫观察器等,支持他们的探索。

梓骅告诉我:"张老师,我发现蝴蝶和蛾是不一样的。""哦,哪里不一样?"我问道。梓骅边观察边说:"你看!它们的翅膀颜色不一样,蝴蝶的翅膀颜色鲜艳,蛾的翅膀颜色是灰色的。""你观察得真仔细,它们还有什么不一样吗?""身体不一样,蝴蝶身体瘦瘦的,蛾的身体胖胖的。"在交流分享的时候,梓骅得意地分享了自己的发现,孩子们纷纷拍手表扬。我提出了自己的疑问:"蝴蝶和蛾只有这些不一样吗?"梓骅回答:"观察器里的图片有点小,我看到的就这些不一样。"我问:"那怎么办?"哟哟说:"那我们可以请张老师帮忙,把图片打印得大一些。"睦睦说:"如果能观察蝴蝶和蛾的标本就好了,我家里就有蝴蝶标本的。"这时,霖霖又提议说:"我们还可以去查资料!"

应孩子们的要求,我投放了放大版的蝴蝶、蛾子图片和放大镜,订购了蝴蝶、蛾等昆虫的标本,并把平板电脑也放到了资料区,便于他们上网查阅昆虫的资料,以此来支持

[①] 该案例由上海市静安区南阳实验幼儿园张晓燕老师提供。

探究的深入。经过调查研究,孩子们找到了蝴蝶和蛾的五个不同点:①触角不同:蝴蝶的触角细细长长的,蛾的触角像纺锤、羽毛一样。②体型不同:蝴蝶的身体细细的,蛾的身体胖胖的。③翅膀颜色不同:蝴蝶翅膀颜色是五颜六色的,蛾的翅膀颜色是灰灰的。④休息姿态不同:蝴蝶休息的时候翅膀是并拢的,蛾休息的时候翅膀是平展的。⑤生活习性不同:蝴蝶是白天活动的,蛾是晚上活动的。

在查找了蝴蝶和蛾的不同之后,孩子们的好奇心和探究欲被点燃了,他们就像科学家一样,提出了各种关于昆虫的问题——哟哟通过昆虫观察器,提出了一个新问题:"蝴蝶有嘴巴吗?"这个问题又引发了小小发现家们新一轮的探究。

在开放而不设限的环境中,蕴含着学习的多种可能性,教师成为了百宝箱般的存在,这个环境中弥漫着自由和浪漫,幼儿可以大胆地尝试自己的想法,教师则给予时空、物质和心理的支持。当幼儿每一个天马行空的想法、每一个跃跃欲试的愿望都有了实现的可能,学习就成为了一种发自内心的快乐和满足。

(二)留白

留白,是中国艺术作品创作中常用的一种手法,极具中国美学特征。留白一词指书画艺术创作中为使整个作品画面、章法更为协调精美而有意留下相应的空白,留有自由想象的思维空间。幼儿园的环境也正尝试着创设能满足幼儿自身需要的、有意义的"留白",让他们一点一点去填满经历过程的空间。回想过往的每一次出游,刻骨铭心的往往都是发生在旅途中的小插曲,那些意料之外的片段,多年之后依然会被饶有兴致地提起,如果一切都是在计划之内按部就班,便失去了些许乐趣。留白,意味着"未完待续",让环境的创设一直处于进行时,经历到哪里,环境就伴随到哪里,动态地更替、变化和发展。

案例:值日生地图[①]

值日生活动是孩子们最喜欢的活动之一。随着活动的持续深入,孩子们的注意力逐渐从"选什么"转移到"怎么做"上,与此同时,各种各样的问题接踵而来:"为什么我明明坐在那里,大家却不来找我整理衣服?""为什么我在洗手间里提醒小朋友,却没有人

---

① 该案例由上海市静安区南阳实验幼儿园初鑫樱老师提供。

理我?"虽然值日生们遇到的问题不同,但却有着同一个困惑——"为什么我没有帮助到大家呢"。连日的挫败让部分孩子对值日生活动的兴趣愈发低迷。

此时,唯有介入才能打破僵局,我决定组织一场"头脑风暴"来支持孩子们自主发现问题,并寻找解决问题的方法。

我请孩子们共同思考问题背后的原因:"明明贴了值日生牌子,明明认真负责,可为什么还是没人来找值日生帮忙呢?"孩子们七嘴八舌地提出自己看法:"洗手间里都是人,大家都走来走去,我分不清楚谁是值日生。""筱雪坐在离衣橱那么远的地方,我走过去给她整理太麻烦,所以我就请张老师帮我看看算了。""我觉得值日生站的地方不好,有时候在这里,有时候在那里,我搞也搞不清楚。"……听完孩子们的想法后,我表示了赞同:"看来,就像你们说的,有时候值日生工作的位置不合适会带来不小的麻烦。"

在了解了原因之后,我问:"那要怎么办才好?"诺诺说:"每天早上在大家面前介绍一下自己的工作。""不行不行,那多浪费时间呀,而且我也记不住!"面对这个解决办法,不少孩子们提出了反对意见。小艺说:"每次做一样的工作,时间久了大家都知道我是做什么的了。""我不要,我喜欢做不一样的工作!""就是呀,老师说可以随便选工作的,每次做一样的不就不能选了!"对于这个解决办法,反对的人就更多了。小曹说:"要不我们画一张地图,让每一个人都知道哪里有值日生,每次都站同一个地方。要是还搞不清楚,我们就在每个地方都做上标记,这样大家都能看到了。"

"地图"听起来不错,孩子们对这个新奇的办法很感兴趣。顺着孩子们的思路,我又问道:"那谁来设计这张地图呢?"面对"设计一张值日生地图"的挑战任务,孩子们都跃跃欲试,于是,我们共同约定,将教室的一面磁性板作为地图的展示区,谁设计出了新的地图都可以与大家分享。

在提出这个问题时,我也在思考谁更适合设计这张地图。从效率的角度来说,教师远比幼儿熟悉班级的布局和值日生工作的特点,因此能用最短的时间设计出最合理的、最美观的值日生地图。然而值日生是孩子的工作,通过自己的努力来解决问题,才能从中体验到作为值日生的责任感,并获得自信。因此,在设计值日生地图这件事上,我想让孩子们自己试一试。

值日生活动再次如火如荼了起来,磁性板上的留白空间既是对孩子们的鼓励,也暗含了教师对孩子的那份信任,在面对挫折时,他们不仅能够发现问题并思考问题背后的原因,还愿意提出解决办法并相互质疑从而选择最优解。在面对全新的挑战任务时,孩子们并没有畏难退缩,而是积极接受并提出独树一帜的想法。

陆陆续续,孩子们按照自己对值日生站位的设想绘制了值日生地图,并且详细地介绍了自己绘制的地图和这样设计站位的原因。他们设计的地图各不相同,但都从自己的实际体验出发,能真正有效地解决问题。例如:有的孩子分别绘制了值日生地图(上午版)和值日生地图(下午版),因为他认为不同时间的值日生站位是不同的;有的孩子用两排格子清晰地划分了教室的布局,并在其中画出不同的工作内容,简单明了;还有的孩子用数字代替了不同的值日生工作,使地图看上去更加简洁美观。孩子们的想法远远超出我的预期,我惊讶于孩子们解决问题的能力,更惊讶于孩子们的创造力和想象力。

在这一次绘制值日生地图的尝试中,我也意识到:班级环境创设的思考重点不仅仅在于创设什么,更在于由谁创造。如果老师能适当地退后一些,耐心地等一等,让幼儿拥有更多创造、调整环境的机会,相信一定会有意想不到的收获。

幼儿是富有灵性的、智慧的学习者,在与环境的相互作用中,幼儿生成着、生长着,在环境创设中,我们时常告诫自己,不要忘了幼儿的力量,要相信他们可以做到,给予他们机会去发现问题、解决问题,让他们在经历的过程中获得需要的满足。满足幼儿需要的幼儿园环境创设,由内而外地表现出对幼儿需要的尊重、信任与支持,环境中既有教师的作为,也有幼儿的印记,且更多地以幼儿的兴趣为兴趣、以幼儿的需要为需要、以幼儿的发展为发展,使环境成为幼儿主动思考、主动探究、主动学习的有效载体,充分陪伴和支持幼儿经历自己的学习过程。

第三章

经历的陪伴
——同频共振的互动

在经历自己的学习过程中，幼儿是主动的学习者，其主动的状态来自何处？教师的作用究竟在哪里？我们认为，教师是幼儿主动学习的倡导者、支持者和推进者，只有建立和谐的师幼关系，才能让幼儿呈现出主动的学习状态，并获得更加有效的学习结果。

幼儿园生活是人生成长中的一段独特旅程，每一个孩子经历着、成长着、变化着，教师是幼儿经历中的重要他人，和他们一起生活、游戏、运动和学习，在日复一日、年复一年的陪伴中，师幼间彼此交织，发生着多种形式的心理交互，教师的一言一行对幼儿产生潜移默化的重要影响。正因如此，开展强而有力的师幼互动，给予高质量的陪伴，是关乎到幼儿学习与发展的重要命题。

第一节　同频共振的师幼互动

师幼互动是个别化教育支持框架中的第二个要素,以支持幼儿经历为出发点的师幼互动,应该是同频共振的。在互动中,教师能站在幼儿的立场,共情地去感受幼儿的感受、理解幼儿的理解、发现幼儿的发现,在平等的关系中和谐相处、持续深入地交互,进行个体与个体之间、群体与个体之间情感和思想的交流与转换,彼此陪伴、同生共长。同频共振既是理想的师幼互动状态,也是我们追求的师幼互动结果。

一、同频共振的内涵

物质在一秒内完成周期性变化的次数叫做频率,频率相同或接近,就叫同频。围绕一个中心点作往复运动,或以某一基准值作上下交替变化,就叫振动。只要运动,就有振动,只要振动,就有振动频率,所有的物质,都有自身固有的振动频率,当外界输入信号的频率与自身振动频率相同或接近时,振动的幅度(振幅)就会加大,这种现象就叫共振。两个或多个振动频率相同的物体,当其中一个发生振动时,另一个物体或多个物体也随之振动,就叫同频共振。物理学中的"同频共振",是指一处波与另一处频率相同的波相遇时,会发出更强的振荡。不同频率的物体之间是很难发生共振的。我们认为,在群体中的每一个人都有独特的振频,他们在用自身的振动频率向外界释放能量的同时,也接收到外界其它频率的影响。在师生、生生互动的过程中,每一个人都与其他人产生相互作用,渐渐产生情感、经验的共鸣,我们认为这样的互动状态为"同频共振"。苏霍姆林斯基曾说过:"在每一个孩子心中最隐秘的一角都有一根独特的琴弦,拨动它就会发出特有的音响,要使孩子的心同我讲的话发生共鸣,我自身就需要同孩子的心弦对准音调。"这就是教学中师生之间的"同频共振"效应,当教师的教育与幼儿的认知达到同一频率时,师生之间的思维就会时时合拍、处处呼应、达成共识,进而产生思维的共振,与此同时,双方会产生情感的共鸣,获得成就感,实现更佳的教育效果。

二、同频共振的生发条件

教师作为幼儿的支持者,应不断提升自己的教育观和儿童观,在班集体中营造一个正向的能量场,让每一个幼儿都以自己的振动频率,充分地释放个体的能量,并从同频共振的互动中得到滋养。

(一)建立专业觉知,感知来自幼儿的振动频率

"看见儿童",感知和发现幼儿发展的共性特点和个性差异,是开展师幼互动的前提,更是幼儿园教师至关重要的专业能力。"看到儿童"和"看见儿童"仅一字之差,但含义却相差甚远。"看到"并不等于"看见","看到"是意识到客观存在,"看见"是心怀"儿童意识"的观察。"看见儿童"对教师的挑战体现在两个方面:一,有儿童意识,对幼儿的言行有探究的好奇,将幼儿视为与成人平等的人,并心存敬畏;二,有专业觉知,对幼儿的言行具有敏锐的觉察。在密切、持续地关注幼儿的行为和反应的过程中,教师验证和修正对幼儿理解的深度、广度及准确度,不断提升觉察的敏感度。

每一个幼儿都是一个藏宝盒,神秘而珍贵,有专业觉知的教师,就像勘探者,他们会从容地陪伴着幼儿,并通过细致的观察,以敏锐的目光去发现每一个幼儿的独特,探查和接收到来自幼儿的信号。

案例:被爱包裹的千羽[①]

千羽是个 28 个月月龄的宝宝,兜着尿不湿的她,走起路来摇摇摆摆,两只大眼睛忽闪忽闪的,非常招人喜欢。刚来幼儿园的前几天,她被玩具所吸引,情绪基本还算稳定。就当我们都以为她已经逐步适应幼儿园生活的时候,她却开始哭闹了起来,而且来势汹

[①] 该案例由上海市静安区南阳实验幼儿园齐芳老师提供。

泅，一哭就停不下来。我发现，她需要的安抚方式和其他孩子不同，不仅要老师抱着，而且一定要"挂"在老师身上，双手绕着老师的脖子，双腿紧紧地夹住老师的身体。就这样，接连着好几天，她就像只小蜘蛛一样扒在老师身上，从早到晚，一刻也不松开。千羽黏着大人的肢体行为在传递着什么信息？该如何尽快帮助她适应幼儿园生活？我琢磨了几天，猜测她可能是想要被包裹住，只有这样被老师抱着，她才有安全感吧。为了验证心里的推测，我把千羽抱到了小花园的吊床上，柔软的布质吊床，一下子就把千羽小小的身躯给包裹了起来，果然，有了吊床的安抚和老师的陪伴，她停止了哭闹，太好了！终于找到了与千羽联结的方法，我心里正暗暗高兴，躺在吊床上的她却睡着了。于是我把她抱回了教室的小床上。她醒来后，她发现自己已经回到了教室，又哭闹起来。再抱她回吊床上？这样也不是办法，我依旧用爱的抱抱安抚她的情绪。午餐时，我找来了一条长长的围巾，把围巾绕在她的肩膀和手臂上，围巾就像老师的爱的怀抱，千羽停止了哭泣，安静地吃起午餐来。每个幼儿的发展有自己的节奏和频率，年龄越小，个体之间的差异越大，对2—3岁的托班婴幼儿来说，老师更要捕捉到他们的身心需要，多一些等待、多一些满足、多一些支持，为了帮助千羽适应新环境，我努力地让千羽建立"被包裹"的安全感，爱的抱抱、小吊床的抱抱、围巾的抱抱、毛绒玩具的抱抱……渐渐地，千羽哭闹的时间短了，情绪也更平稳、愉快了。

托班的幼儿是幼儿园里最柔软的群体，学前期的幼儿，年龄越小，个体之间的差异越大。2—3岁的婴幼儿尚不能用语言来表达内心的情感与想法，且个体的入园适应过程也存在较大差异。老师通过主动、持续观察，发现和捕捉千羽独特的哭闹行为，根据对其行为的推理和验证，探寻到千羽行为背后的心理需求，并以她喜爱的方式予以安抚，逐渐帮助千羽建立安全感。

幼儿的个性不同，表达情绪与感受的方式也不同，表面看上去平静、乖巧的幼儿，同样有着丰富的内心世界，对于这样的幼儿，教师需要有更敏锐的眼睛用心去搜寻、去接收那几乎难以察觉的微弱信号。

案例：藏在口袋里的蓝蝴蝶结[①]

这个有趣又不爱说话的女孩子，我喜欢叫她蓝妹妹，因为她经常穿蓝色的衣服。为

---

① 该案例由上海市静安区南阳实验幼儿园虞方老师提供。

了确认我可以这么叫她,我大概追着她问了整整一个星期,开学没多久,蓝妹妹就剪掉了长发,成为了班级里唯一一个短发的女孩子。我很郑重其事地告诉她,短头发的女孩子也是要梳头发的。于是,每次轮到我晚班时,我都会一边给她梳好一会儿的头发,一边和她说话。只是说话,没有聊天,因为大部分时间都是我在自言自语,她只是偶尔在我的一再追问下点一下头或者"嗯"一声。

  为了拉近我和蓝妹妹的距离,除了经常找她说话外我还尝试了其他的方法,比如每天给她一个拥抱。我记得我第一年做老师的时候,班级里也有一个这样不爱说话的女孩子,无论你和她说什么,她都会别过头摆出一个"我不想听、我也不会回答你"的姿势,我想她一定觉得在这个陌生的地方面对一群陌生的人是一件非常不愉快的事。想到这里,我就决定以后每天都要给她一个拥抱,我想让她感受到"陌生人"的温度。就这样坚持了一个学期,有一天,她突然邀请我去她家吃饭,她说:"虞老师,我外婆做的红烧肉特别好吃。"我想我的拥抱起作用了,对她来说,我已经不再是一个陌生人了,值得庆幸的是,同样也是在一学期快要结束的时候,蓝妹妹终于开口和我说话了。她每天会主动和我说两句话,一句是"虞老师早",还有一句是"虞老师再见",其余的大部分时间,她依旧保持着她自己的风格和节奏,而我好像也渐渐适应了她的风格和节奏。

  有时我会想:在蓝妹妹的心里我到底是一个什么样的老师?她会不会觉得我很奇怪?会不会觉得我很麻烦?又或者是很讨厌?我想有一点是肯定的,那就是这个老师的话非常多。

  这学期开学以来,我和蓝妹妹依旧保持着这样的相处之道,但我慢慢地觉得她给我的回应比以前多了,比如有时她会瞥我几眼,有时会歪着脑袋听我说话,有时会看着远方叹口气……当然这些也可能只是我的幻觉。九月底幼儿园举办国庆歌会的时候,我们想要在歌曲里穿插一段朗诵,于是我们把这个特别的任务交给了蓝妹妹,因为她是一个很难被周围影响的人,但是我看得出来,每一次排练她都很紧张。为了让她知道我会陪着她,每次排练的时候我都会尽量蹲在她身边。正式演出那天,我把我的红色蝴蝶结夹在了她的头发上,那一天,我看到她全程紧张地缩着身体,但是那是我听到她声音最响亮的一次朗诵。

  第二天早上,我带着一点期待站在楼梯口执勤。然后,她就像往常一样慢悠悠地出现在我的视线里。只有她,没有红蝴蝶结。

  "虞老师,早!"蓝妹妹走到我面前说。

"蓝妹妹,早! 蝴蝶结呢?"

她抬头看了我一眼,然后默默地把手伸进了口袋里。

"那可是我送你的蝴蝶结啊,你是不是不喜欢?"说实话,我有一点失望,可就在这时,蓝妹妹伸进口袋里的手突然伸了出来,然后她打开了手心……我看到了一个非常眼熟的红色蝴蝶结,还有,她居然笑了。

那一瞬间,我被眼前的这个女孩子打动了。或者说,我被她藏在口袋里的蝴蝶结打败了。那一刻,我突然明白了:我们总是习惯性地希望别人能用和自己一样的方式对待自己,却忘了所谓的平等其实是一种相互尊重。对有的人来说,好看的蝴蝶结就应该戴在头上让所有人看到;但是对有的人来说,她喜欢把美好的事物藏在口袋里,这是她的风格,没有好坏对错,只是不一样而已。

我蹲下来像往常一样拥抱了她:"谢谢你。"

她如往常一样面无表情地看了我一眼,然后把握着蝴蝶结的手塞回了口袋里,慢悠悠地朝教室里走去,好像一切都没有发生过。但是这一次我知道,一切其实都发生过,或者发生着。以往的每一次拥抱,每一次的自言自语,都一定在她小小的心里留下了或深或浅的印记。只是她一直没有准备好,一直没有找到合适的机会去推开"这扇门"。还好,作为她的老师,我一直没有放弃;还好,我问了她关于蝴蝶结的问题。否则我可能永远看不到那个藏在口袋里的蝴蝶结,而她也失去了一次"推开门"的机会。

故事到这里,差不多要结束了,你是不是很想知道现在的蓝妹妹或者是蝴蝶结怎么样了?

现在每天早上,蓝妹妹还是会慢悠悠地出现在我的视线里,然后面无表情地走到我面前说:"虞老师早"。只不过,现在的她在说完"虞老师早"以后会站在原地不动。我知道她在等我的拥抱,我知道她一直都记得我们的约定。可能在大家眼里,蓝妹妹还是那个不怎么爱说话的小女孩,但是大家不知道的是,从"不爱说话"到"不怎么爱说话",她已经尽了自己最大的努力。至于那个红蝴蝶结,不知道从哪一天起,我每天都可以看见它。它已经不再是当初那只普普通通的红蝴蝶结了,现在的它会发光,我觉得它可能是我见过的全世界最可爱的红蝴蝶结。

蓝妹妹是幸福的,因为她遇上了一个能用心去体会她丰富内心、拨动她心弦的老师,那些互动中默契的小片段,一个眼神、一个微笑、一声问候、一个拥抱,让幼儿感受到来自教师的善意和温暖陪伴,等她长大成人以后,一定会记得这个爱她的老师。与此同时,虞老师用细致的观察和询问,耐心追随和等待,捕捉着蓝妹妹发出的微弱信号,和她进行同频共振,感受着作为一名幼儿教师所独有的幸福。师幼双方彼此靠近,共同成就了珍藏心里的美好相遇。

(二) 尝试主动调频,顺应幼儿的独特振动频率

在师幼互动中,教师担负着主动调频的责任,调频,是教师在觉知基础上的行为跟进,具体而言,就是将关注的重心始终放在幼儿身上,避免自以为是的干预,以积极的状态开展持续、深刻的洞察,站在儿童的立场去了解、倾听、顺应,就犹如用收音机接收调频节目那样,慢慢地调拨旋钮去搜索每一个幼儿的波段,以幼儿能够接受的方式予以共情的陪伴。

1. 倾听

倾听,是人与人交流的基本方式之一,但要真正做到却很难。《上海市学前教育课程指南(试行稿)》中特别提到,在课程实施中,教师"应创造民主和谐的教育氛围,以关怀、接纳的态度倾听幼儿的表述"。[①]《儿童的一百种语言》中对于"倾听"有这样的描述:倾听并非易事,它需要深刻的认识,暂时放下自己的判断和偏见,它需要以开放的心态对待变化。学会倾听是教师贴近幼儿、心与心交流的开始。教师要面向全体幼儿,充分倾听每一个幼儿的心声,在倾听幼儿的感受和理解时,有时会收获很多被成人忽略和遗忘的事情,或是教师们以为知道但其实并不知道的事情。如果教师能够虔诚而专注地去倾听和记录幼儿的话,那么,看待幼儿、看待自己的视角也会发生改变。

案例:让我们来听听值日生怎么说[②]

升入大班,"值日生工作"便提上了班级的议事日程,以往的"值日生制"大致是这样的:先是由教师发起班级要开展值日生轮流工作制了,于是安排好每天轮流工作的人数和需要工作的岗位,接着孩子们就开始每天的值日生工作了,工作中如果遇到问题再请

[①] 李季湄,冯晓霞.《3—6岁儿童学习与发展指南》解读[M].北京:人民教育出版社,2013:3.
[②] 该案例由上海市静安区南阳实验幼儿园冯佳琦老师提供。

教师出面解决。显然,这样的"工作制"在很大程度上是以教师为主的,孩子只是被动地接受和执行。这一次,我们改变以往的由教师引领开展的模式,采用以倾听孩子们的想法为主的新形式来推进这项活动,从"值日生是什么"到"为什么要做值日生"再到"值日生应该怎么做",整个过程都是孩子们在边想、边做、边发现、边调整。

"值日生"这个名词对孩子来说,既熟悉又陌生。在国庆节放假前夕,我们请孩子们回去调查一下"什么是值日生"。节后孩子们便纷纷带来了他们的调查结果,"值日生要早点到园""值日生要轮流做""值日生要戴牌子""值日生就是要扫地、拖地板、擦桌子、擦窗、分发碗筷"……难道值日生就是打扫卫生吗?为了进一步明确幼儿园的值日生工作职责,我们让全班每一个孩子各自在教室里分头寻找并一一记录值日生到底可以做些什么。孩子们总共提出了近30个工作项目,通过集中分享,我们讨论梳理并归纳:有一部分项目不是每天必做的,是当事情出现时才做,就把它们归拢到一边排列;另一部分项目是每天必做的,为了便于区分就在这些项目上贴红点。在讨论中,大家渐渐地领悟到:自己的事自己做,别人的事帮着做,值日生就是帮助别人,为别人服务的。我们将所有的工作内容制作成一块块可移动的爱心工作牌,粘贴在三角橱上,便于孩子们根据自己的意愿自主选择、自主取放、自主决定,从"爱"出发,主动为大家提供服务,使大二班成为一个到处都充满爱的大家庭。

在这次打破常规的尝试中,我们听到了一个个来自于孩子们内心的真实想法;从他们稚嫩的言语中,我们觉察到了一颗颗愿意为别人服务的爱心;从孩子们响亮的声音中,我们感受到了孩子们想要自我决定的自主。

"发现问题"和"解决问题"是孩子们开展工作的主要方式,利用每天下午放学前的时间孩子们会集中在一起,一边诉说、一边记录各自遇到的种种,我也会试着调整心态,慢下脚步,静静地听听你、看看他,不时地投以鼓励的眼神,尽可能地认同每一个孩子的想法。以下是我从孩子们的"值日生日记"中截取的一部分。

问:"值日生请假没来怎么办?"答:"那就请早来的小朋友代替做吧!"

问:"遇到不会做的工作怎么办?"答:"可以请会做的小朋友带着他一起做,也可以在每个工作前面贴一张工作说明书。"

问:"有些工作会同时碰在一起,一个人忙不过来怎么办?"答:"那就把碰在一起的工作牌找出来贴上相同颜色的点点,分配工作的时候不要分给同一个人就可以了。"

问:"我今天担任了饭后检查饭碗的工作,可是我不是第一个吃完的,在我前面吃完的人我检查不了怎么办？"答："可以和第一个吃完的小朋友商量一下，先顶替你做一下。"

问："每天早上值日生商量工作用的时间太长了，这样就不能玩游戏了，怎么办？"答："那就放学的时候商量一下，可以事先写好一份计划书。"

……

孩子们问的问、答的答，不轻易放过值日生工作中的任何一个细节，教室里的三角橱成了他们用来张贴名牌、摆放工作牌以及根据需要调整和提示大家做好工作的"宝地"。孩子们也正是在这样来来回回的问答过程中，在许多个质疑和争论的过程中，在一次次反思和调整的过程中，慢慢了解了值日生工作的职责和意义。作为忠实倾听者的我，自然也不能闲着。在他们每一张记录纸上，我都一字不落地做好注解，并根据他们的需要默默地提供支持。一整年积累下厚厚一叠的"值日生日记"，是我认真倾听幼儿想法的见证。我始终秉持"用心倾听，为需所变"的开放心态，鼓励他们根据自己的想法去做、去尝试，学期结束看到满载着收获的孩子们，我倍感欣慰。

当我们不知道课程该如何推进时，与其冥思苦想，何不去问问孩子，倾听孩子的想法和愿望呢？当面对那些想不通的问题、解决不了的麻烦，感到疲惫和苦恼的时候，孩子会给你灵感和力量。同时，对于孩子而言，有一个愿意认真倾听的老师，也是一件非常幸福的事情。

对于教师来说，倾听是必修、常修的专业能力，真正的倾听，不仅是用耳朵去听，更是放下自己的主观判断用心去听，案例中的冯老师感悟到了倾听的力量，通过耐心地倾听，不断捕捉幼儿在值日生工作中的所思所想，并动态地跟进支持，让幼儿在当值日生的经历中，加深对这项工作的理解，提升发现问题、解决问题的能力。只有当一位教师真正尊重和敬畏幼儿，摒弃一切阻碍去倾听幼儿的时候，同频共振的互动才有可能发生。

2. 对话

幼儿的认识是较为粗浅的、碎片化的，并受到自身经验的限制，因此，在用心倾听的同时，教师还要通过对话，更明确、深入地了解幼儿思考问题的逻辑，找到问题的症结所在。胡华老师曾说："对教育真谛的追寻，从来都不是老师单向行进的过程，只有在与孩子不断地倾听和对话中,才能一步一步趋近教育的真相。"同频共振的对话,是一种双向互通的交流,在对话的过程中,没有对抗、没有输赢,教师走进幼儿经历的场域,放下预设、放下对幼儿的刻板印象、放下对事件的直觉推断,展开有意义的对话,扮演提问者、倾听者,让幼儿敞开心扉,说出内心真实的想法和感受,并引导幼儿展开思考,推进学习走向深入。让我们回想一下日常,是不是常会根据看见的现象下定论?让我们一起静下心来,在对话中看见不一样的孩子。

案例:蚕宝宝之死[①]

冬去春来,孩子们感受着季节的变化,萌发了对万物新生的好奇。在老师和孩子们的一番努力后,教室的阳台入住了好多新生的小客人,其中,最受欢迎的是嘟嘟带来的蚕宝宝。孩子们挤在蚕宝宝的面前一边看、一边讨论,有的还忍不住伸手想要摸摸,他们十分急切地想要了解关于蚕宝宝的一切。

一日,"养蚕专家"嘟嘟严肃地向大家宣布了自己的新发现:"我在家里的书上看到,蚕宝宝是不能碰到水的,它们碰到水就会死!"孩子们听到"生死大事"后,脸上的表情都变得凝重起来,老师也应声附和:"谢谢嘟嘟告诉我们,那大家可要保护好蚕宝宝,它们虽小,但生命也是宝贵的哦!"孩子们齐声回答:"好的!"

隔天的早晨,孩子们像往常一样去阳台围观小生命们。突然,有孩子惊呼:"老师!蚕宝宝要死了!"这一喊可不得了,孩子们都放下手里的玩具齐刷刷关注起了蚕宝宝。查看后发现,原来是有一摊神秘的口水黏连着蚕宝宝和桑叶。在确定了这不是一场意外后,我心头一紧,各种情绪和想法也涌进了脑海里:首先是愤怒,会是谁故意这么做呢?怎么会做出这样无视生命的行为呢?然后是纠结,作为老师的我该怎么处理呢?是严肃还是宽容?最后是思考,除了惩罚是否还有更好的教育策略?这是一个绝佳的"爱与生命"的教育契机,该怎么和孩子讨论生死的话题?怎么做既能照顾到孩子们的感受又能让他们知道要尊重生命?……在强装平静的表面下,我经历了波涛汹涌的内心活动,最后我决定先放下这些"静态噪音",去倾听和了解真相。

"孩子们,就在今天早晨,有几条蚕宝宝因为一摊水而失去了生命。我感到有点难过。"我简单表达了自己的感受,观察着孩子们的表情和状态,用平静的语气问道:"是谁

[①] 该案例由上海市静安区南阳实验幼儿园薛至理老师提供。

做的?"说实话,我提问时心里也没有底气,谁会在做了"坏事"后主动承认呢?

在片刻沉默后,一个小小的声音从少铭嘴里发了出来:"是我。"面对少铭泛红的大眼睛和眼眶里的打转的泪水以及其他孩子不满的情绪,想到他"说不就不"的倔脾气,我当即用淡化处理和分散注意力的方式安抚与稳定了孩子们的情绪。

午休时,我邀请少铭来"蚕宝宝的家"坐坐。"少铭,我们来聊聊天吧,你每天到幼儿园都会先来看看它们,是吗?""嗯。""你那么关注它们,一定也很喜欢它们吧?为什么会想到朝它们吐口水呢?""我想看看蚕宝宝是不是真的怕水,是不是遇到水真的会死。我就是不相信嘟嘟说的,我就想试试。"少铭又开始咧嘴抽泣起来。我虽然被他的话震惊了,但也感受到了他的懊悔和难受,赶紧搂住他:"少铭,我能感觉到你现在也很难过,很后悔这么做。你能说出自己的想法,很勇敢,勇于面对这个错误,老师要给你点赞!"等他情绪平稳下来后,我接着说:"我们都是人,人都会犯错。我也不能保证我永远不会犯错。告诉你一个小秘密,我小时候也踩过蚂蚁窝呢。可别说出去哦。"少铭抬起头略带惊讶地看着我。我用理解和善意的语气继续说:"我心里的你是特别讲道理、特别讲规则的。我很欣赏你的好奇,也很理解你想尝试的心情,你有自己的想法并且去做了,这说明你在成长。但是,如果今天你是蚕宝宝,你会怎么想呢?""我……我不想被吐口水,我想继续吃桑叶,最后能吐丝。""是呀,你看,剩下的蚕宝宝一定也是这么想的。"少铭一愣,继而又点点头。"宝贝,生命的力量很美很强大,在这个地球上,任何的生命都是要被珍惜和尊重的。接下来照顾蚕宝宝的任务就交给你了,你可以的吧?""我可以!"

……

后来的日子里,少铭在妈妈和老师的支持下精心准备桑叶,了解蚕宝宝的习性,认真喂养蚕宝宝,他还和同伴们分享了绘本故事《小鸟的葬礼》《小种子》。孩子们一起屏息凝神听着,听到了生命的周而复始,代代延续,感知着生命的力量。

案例中的薛老师抑制住根据自己的判断就下结论的冲动,用缓和的情绪、平和地和少铭交流,鼓励他如实地说出心里真实的想法。在了解了少铭的行为动机后,薛老师通过共情的对话,站在他的视角去分析和看待问题,用自己童年时的小秘密联结彼此,帮助少铭释放了内疚、后悔的消极情绪,得到了温暖的安慰;与此同时,引导少铭认识到行为导致的后果,并努力尝试承担起照顾生命的责任,弥补自己的无心之失,在经历中积累了对于生命的理解和感悟。

教育应从关注幼儿开始,以对幼儿的理解为基础,教师对幼儿的理解制约着师幼互动的方式与内容,我们越是理解和重视幼儿呈现出来的思想及思想变化过程,他们就越能建构起丰富的精神世界,成为主动的学习者。教育不仅要关注当下,更应关注未来,每一件当下现实生活中的点滴小事最终都将汇聚成为经历的长河。我们对幼儿的尊重越多,就越能够倾听他们的声音,就越有可能帮助他们拓展思想的空间。倾听和对话是教师调频的重要手段,教师在真诚、平等的倾听与对话中,与幼儿建立相互信任的师幼关系,在抽丝剥茧的过程中,与幼儿共同寻求对世界、对自我的认知,从关注"是什么"走向探寻"为什么",看到幼儿行为背后的情感与认知,用互动去走近、走进幼儿的内心。

第二节 同频,让心与心相交,意与意相通

爱是教育的主旋律,是师幼互动中最重要的纽带。教师和幼儿的互动,不仅是双方在知识、经验、技能层面的交往,更是情感的投入,以及民主、平等的精神的投入。同频的师幼互动,是心与心相交,意与意相通,师生跨越年龄、经历、思想和立场的界限,建立起情感的联结,在温暖、友爱的氛围中,彼此理解,相互认同,化解各种冲突和矛盾,在亲密的交流中,心心相印、心意相融,获得积极、正向的情绪体验。

一、在共情中随心而动

同频,是一种动态趋同的过程,教师与幼儿、幼儿与幼儿,每一个参与者随心而动,在交流中产生心灵的共鸣,形成"你懂我、我懂你"的默契。在班集体里,每一位成员都有着自己的频率。同频,并不是要求每一个参与互动的人都要有相同的见解和认识,处于相同的频道,而且每一个成员都能独立地思考和发表见解,而不被同化或者边缘化。教师作为互动的

主要责任人,首先要具备共情的能力,给予幼儿共情的陪伴。共情,是人际交流中非常重要的沟通方式之一,也是同频共振的师幼互动产生的重要条件。在共情的互动中,教师接纳、理解、认同幼儿的情绪情感并与幼儿产生共鸣,敏锐地捕捉幼儿的需要和诉求,并设身处地地理解每一个幼儿的内心想法,做出支持行为反应。与此同时,通过"共情"的榜样示范,让幼儿学习如何与他人产生共情,从而更好地融入集体,实现良好的心理社会化。

案例:小宇找妈妈[①]

小宇是小班的宝宝。早上来园时,他在幼儿园大门口大声哭喊:"我要妈妈,我要妈妈",并紧紧搂着妈妈的脖子不肯松手。如果此时强硬地把小宇和妈妈分开,无疑会给他带来更多因分离而造成的焦虑和痛苦,这可怎么办?我想,先不着急把小宇和妈妈分开,而是让小宇感受到我对他的理解与认同。我说:"老师知道小宇不想和妈妈分开,所以哭了。"小宇听罢,搂着妈妈的脖子哭得更厉害了。我拍了拍他的后背接着说道:"我知道你心里很难过,唐老师小时候上幼儿园也和你一样,因为不想和妈妈分开就哭了。"小宇抬起头看了看我,哭闹的声音变轻了,我一边为他擦拭眼泪一边接着说:"和妈妈分开时会有点伤心,我们先把眼泪擦一擦,妈妈喜欢看到小宇高高兴兴上幼儿园。"见小宇没有排斥我的触碰,我接着说:"小宇妈妈姓唐,唐老师也姓唐,唐老师和妈妈一样,很爱小宇,让唐老师抱抱小宇好吗?"或许是我和小宇妈妈同姓的这个偶然,在彼此之间建立起了情感的纽带,小宇对我多了一份不同于其他人的亲切感,就这样,我把小宇抱了过来,一边抱着他一边耐心地、无声地安抚着他。小宇的情绪渐渐平稳了,由之前的大声哭闹转为了小声抽泣。我说:"小宇真乖,是唐老师的宝贝呀,我们要去教室里和小柚子、小奶糖还有小熊一起玩咯!"小宇轻声说:"唐老师,我还是想找妈妈。"我安慰道:"那我们请保安叔叔帮忙,如果看见妈妈来了就来告诉小宇,好吗?"小宇点点头,和我一起手拉手走到保安室:"保安叔叔,如果看见小宇妈妈来了,请马上告小宇哦。"保安叔叔非常配合地回答道:"知道了,看见妈妈来一定告诉小宇。"在得到确认之后,小宇安心了,对保安叔叔轻声地说了声"谢谢",就跟随着我走进了教室。

[①] 该案例由上海市静安区南阳实验幼儿园唐迎霞老师提供。

唐老师是一位善解人意的老师,她和小宇同欢喜、共悲伤,像妈妈一样耐心、温柔。当小宇因为分离焦虑而哭闹时,她并没有试图去劝阻他停止哭泣,而是接纳了小宇自然的情绪流露和表达,寻找建立情感联结的切入点,自然地进入小宇所处的具体情境中,并给予积极的回应,帮助小宇打开了心结。

案例:乖乖成长日记[①]

儿童之家的新小班来了一个特别不一样的孩子,家访时妈妈说他特别调皮捣蛋,家里人都叫他"淘淘"。来园后我发现他就像是一踩就炸的地雷,完全无法融入班级。他的一言一行对我造成了不小的冲击:

2021年9月1日　多云

运动时,淘淘看上了别的孩子骑的车,一把推倒骑在车上的同伴,还想用车轮碾过他的脚。我上前提醒,淘淘反手给了我一拳。

之后几天,他的表现不断刷新我对三岁孩子的认识。

2021年9月6日　阴

角色游戏结束了,可淘淘意犹未尽,见同伴开始收拾玩具,他就故意将玩具都扔在地上。我请他捡起来,他拿起一把玩具就砸向大家,嘴里喊着:"不给我玩,我就叫爸爸来揍你们!"

2021年9月9日　雨

工作时,淘淘一屁股坐在玩具橱上,我连忙提醒他这样很危险,请他下来。谁知淘淘立刻向我挥舞起了小拳头,还恶语相向:"老师批评我,我想老师死掉!"

2021年9月15日　暴雨

又到了午睡时间,淘淘一如既往不肯睡,还在床上又唱又跳,惹得其他孩子都睡不着。听到同伴向我告状,淘淘一下子冲过去咬住对方的床垫以示愤怒。

淘淘的存在让带班成了煎熬,但也正因为他的出现,让我有机会进一步思考并获得新的收获与认识。我问自己:我是否下意识地给淘淘贴了标签?那些"不要""不可以"的善意提醒,是否有效?……淘淘究竟是个怎样的孩子?首先,我要了解他——妹妹的出生、父母的忽略、祖辈的溺爱让淘淘成为了现在老师眼中"不一样"的小孩;当其他孩

---

① 该案例由上海市静安区南阳实验幼儿园赵映雪老师提供。

子以哭闹来表达初入园的情绪时,淘淘则用他的各种叛逆行为来表达自己的焦虑和不安。我想,既然我们相遇了,我便有责任和他一起试着调整自己,慢慢适应彼此,帮助他融入班级。这对淘淘、其他孩子以及我都是有好处的。

  2021年9月22日 晴

  角色游戏结束了,淘淘怎么都不愿离开:"我还想当收银员。"我说:"可是我们现在要去运动咯,那辆你最爱的小车在那儿,你想去玩一玩吗?"淘淘开心地回答:"去去去!"我笑着对他说:"你今天好乖呀,我可以叫你乖乖吗?"淘淘瞪着眼问:"我真的乖吗?好好好!我是乖乖。"

  "乖乖"诞生了,那两天只要听到有人喊他乖乖,他总会收敛一些。可没几天"乖乖"这个昵称就不起作用了,我想,面对任何一个孩子,任何一种师幼互动的"好方法"都不是一劳永逸的。

  2021年9月29日 晴

  乖乖和同伴因争夺玩具打了起来,他咬了同伴的手,玩具也摔坏了。我蹲在他身边轻声说:"我知道你现在很生气。"乖乖刚想举起的拳头放下了,脸上写着不可思议:"真的吗?"

  我回应:"这个玩具很好玩,你一定是太想玩了。"乖乖赞同地点头,我又说:"玩具坏了谁都不能玩了,朋友还受伤了。"乖乖竟然说:"对不起。"这是乖乖第一次犯错后主动道歉。

  看到同伴手上深深咬痕的那一瞬间我是崩溃的,乖乖还在一旁声嘶力竭地发脾气,但很快我冷静了下来。人在生气的时候容易失控,何况是乖乖这样情绪管理能力较弱的孩子。当务之急并不是告诉他这样做不对,也不是请他停止发泄,而是让他知道有人是理解他的。"我知道你现在很生气。"这句话好像有魔力,它代表着我对乖乖此刻的情绪、行为是接纳的,被认同的感受能够让乖乖平静下来,为我们之后的对话奠定了良好的情绪基础。

  2021年10月11日 晴

  小长假后,乖乖来园时情绪总是很激动。一旦有人想要把他拉进校门他就拳打脚踢,叫嚣着要收拾大家。我走到门外,并没有把他拉进来的意思,而是说:"你知道吗?赵老师也很不想离开家。"乖乖问:"你家也有游戏机吗?"我回答:"当然有啦。不过儿童之家有小朋友,有你,我们能一起玩。"乖乖问:"玩什么?"我说:"你看,大家在玩滑梯，如果你愿意的话，可以一起玩。"说完我伸出了自己的手。乖乖虽然还是有些不情愿，但他看了看同伴们，又看了看我，还是牵起了我的手。不一会儿，就看到他和小伙伴们玩得不亦乐乎。

我们总说要尊重幼儿的个体差异，但当我在群体中看到"特殊"的个体时，总是潜意识地希望他们是趋同的。一开始我认为乖乖是个麻烦，对他的一言一行都是排斥的，但随着彼此交流的深入，我渐渐地发现不论乖乖说什么、做什么，我都能够捕捉其背后的想法，一切都变得可理解了。当我蹲下身子向乖乖伸出手并提出"我们能一起玩"，而他也愿意牵我的手的那一刻，应该就是我们彼此悦纳、双向认同的开始。

2021年11月15日　晴

乖乖："我生病那么久，你们想我吗？"我回答："想啊，你喜欢儿童之家吗？"乖乖说："不喜欢不喜欢！但是我喜欢你！"乖乖这一句"但是我喜欢你！"让我心里说不出的感动和满足。

乖乖日记未完待续……但经过两个多月的共同生活，现在的我由衷感谢乖乖的出现，因为他让我有了真正的改变，乖乖融入同伴、班级的过程也是我改造自身儿童观的过程，这个过程无疑是痛苦的，但最终我们各自都经历了蜕变、收获了成长。

如果和幼儿共度的时光是一段旅程，那么沿途的风景不会总是美好的，"狂风暴雨"的背后是师生之间、生生之间因为经验、需求或立场的差异而产生的冲突。这些冲突不可避免，关键在于如何去化解，在充分了解幼儿的基础上，容忍幼儿不符合期望的言行，并站在他的角度感受情绪，循着他的思路看待问题，这就是回归儿童立场。从成人走向幼儿，让幼儿感到被理解、被接纳，从而产生紧密、真实的情感连接，最终在同频共振的师幼互动中达成共识、解决问题。

二、在交融中称心如意

在共同生活的过程中，师幼双方会面临很多选择，选择的结果往往是"称了老师的心，不合孩子的意"。在同频的互动中，非黑即白的处理方式被替换成"寻求灰色地带"，教师不再做二元对立的抉择，而是更多地站在幼儿的立场去寻求更好的解决方案，想方设法让心和意相通,在彼此之间寻找到交融的点,做出"两者之间"的决策,既称了老师的心,又合了孩子的意,从而达到皆大欢喜的状态。

案例:半颗五角星①

我们围绕进餐习惯的养成,创设了五个小目标(快快吃、坐坐好、不挑食、不说话、吃干净),幼儿可以根据自己的兴趣选择其中一个,每天如能完成小目标,棋盘里的头像照片就能向前走一格,周一至周五连续走满五格就能兑换一枚五角星。这个每天都能走棋盘还能获得奖励的活动吸引了很多孩子。

一个周五,兔兔噘着小嘴来和我投诉:"邵老师,我这个星期只走到了第三格,但我觉得我也能得奖励的!""说一说!"兔兔理直气壮的话语成功引起了我的兴趣,兔兔看我没有反驳她于是打开了话匣子滔滔不绝,五分钟后我搞清楚了原因:原来,本周一、周二两天妈妈给兔兔请假去医院复查过敏,所以她这星期没能走满五格,但兔兔觉得来园的这三天她都很努力地把饭吃干净,应该得到奖励。这时,在一旁听了许久的"围观群众"提出了反对意见:"说好要走五格才能得奖励的,你这样违反规定了!""对呀对呀,我上次去打预防针没来也没有换到五角星!"

听孩子这么一说,我才发现,原来因为请假错失兑换的孩子并不在少数,只是大家都没有提出异议,便一直按照"每天都完成小目标,一周走满五格才能兑换五角星"的规则进行着。

兔兔听到大家的话噘起小嘴低下了头,在她脸上我看到了不能得五角星的难过,同时还有一丝不服气,显然,同伴们并没有真正把她说服。一边是保护兔兔参与活动的热情,一边要维护事先商量好的规则,我瞬间陷入了两难……思索片刻后,我拿出剪刀,剪下了半颗五角星交给兔兔:"兔兔,我觉得你说得有道理,但是规则是我们之前一起制定的,大家都要遵守,所以,今天给你半颗五角星,奖励你这三天很努力地完成了自己的小目标,下次我们继续加油,争取早点获得另外半颗好吗?"五角星可从来没有出现过半颗呀,这显然出乎了兔兔的意料,但聊胜于无,她很快接受了这个方案,高兴地拿着半颗五角星去给好朋友看了……

兔兔的投诉获得了完满的结果,但每每看到墙上这半颗五角星,我总觉得心里有些

---

① 该案例由上海市静安区南阳实验幼儿园邵君婷老师提供。

别扭,到底怎样才能在满足幼儿需求的同时培养规则意识呢?我反问自己:为什么兑换一定是周一开始周五结束?仔细想想这用了好多年的激励方法好像只是因为我们每周一开始来园,而周五是一周的最后一天。也许最开始只是老师为了方便统计吧!那可不可以变一下呢?如果打破这个长久以来的时间统计惯例,孩子们的反应会不会变得不一样呢?

几天之后,乍一看我们的墙面并没有发生什么变化,但仔细一看,孩子们的照片好像不再拥挤地停留在一个格子里,五个空格都有了孩子的照片。现在孩子们不只能从周一开始参与活动,只要他们愿意,每一天的午餐环节都能成为参与争星的第一天。这样一来,周五集体兑换的场景分散到了日常的每一天。孩子们再也不会因为自己的照片在伙伴们后面而感到焦虑了,因为他们知道虽然走得慢一点,但自己通过努力一定会和同伴一样到达终点!

案例中的邵老师找到了教师立场与幼儿立场之间的结合点,在让幼儿认同和遵守规则的同时,也改变了兑换五角星的规则,在情感上最大程度地满足了班级中每一个幼儿,让他们觉得:我可以勇敢地向老师提出每一个想法,我每一次努力都能从今天、从当下开始!称心如意是师幼互动的理想状态,教师心怀培养目标,但又不执着于刻板、硬性的规则,更多关注幼儿在规则执行过程中的情感、态度,站在幼儿的立场去反思和调整自己的互动内容、互动方式,从而引发同频共振的师幼互动。

第三节 共振,把你、我、他变成我们

爱的方式之一就是陪伴。在陪伴中,教师扮演着多种角色,像妈妈、像姐姐又像朋友,为幼儿答疑解惑,和他们一起探索学习,分享经历中的甜酸苦辣,在共振的互动中,教师或带领着幼儿前行、或与幼儿并肩、或跟随在幼儿身后,以不同的站位更好地陪伴幼儿。在发现问题和解决问题的过程中逐渐形成共振,在积极投入中,每一个成员都不仅仅只是"我",你、

我、他,所有人汇聚成为"我们",分享智慧、共同成长。

一、共建中的交互

幼儿园是师生的快乐家园,每天都有每天的精彩,对幼儿来说,每一段发生与发展在当下的经历,就是充满未知的学习旅程。他们带着对幼儿园生活的憧憬和期待,积极投入新一天的快乐学习。共建,是指师生共同参与各类活动的策划、组织与实施,教师在共建中与幼儿并肩同行,在协同的过程中扮演助推者、协调者,支持和保障活动的开展,鼓励每一个幼儿积极参与到班级日常生活中,通过活动凝聚童心,提升幼儿的归属感、胜任感和自主感,让每一次的共建成为全体师生的宝贵经历。

(一) 让问题成为共建的资源

在班级日常管理中,经常会产生一些寻常的小事。当问题产生时,教师要敏锐地捕捉和把握教育契机,让问题成为共建的资源,让幼儿积极地参与到问题解决的过程中,丰富和拓展经历,并从中获得对于自己是班级不可或缺的一分子的归属感。

案例:从你们到我们[①]

由于幼儿园总部装修,新小班需要去外园过渡。在过渡点,孩子们遇到了一个问题:班里家具曾经是大班哥哥姐姐用的,尺寸明显不适合小班。为此,我们尽力将幼儿园中最矮的桌椅置换到小班的教室,使用免打孔的伸缩杆降低了衣橱的高度……在所有的家具和用具中,最让我们放心的就是茶水桶,60厘米的高度让每一个小班孩子都触手可及,可事情却和我们预想的不一样。

开学3周了,每天喝水的时候,茶水桶的周围总有水杯打翻的水迹。是孩子们不会接水吗?我想要看一看问题出在哪里。

小艾第一个来接水,这是一个特别的女孩。来到幼儿园的第一天起,她就不哭不闹甚至侃侃而谈,"你们幼儿园有滑梯吗""你们幼儿园的床有点小""你们的饼干蛮好吃的""你们的……""你们的……"。在一天天的"你们"中,我知道这个看似适应良好的孩

---

① 该案例由上海市静安区南阳实验幼儿园陈玮珺老师提供。

子还没有对幼儿园产生归属感。只见她把茶杯放在水龙头下,熟练地打开水龙头,接了半杯水然后关上。随后收回手,想要站起身来。杯子勾住了水龙头,小艾用力拉了拉,出不来,再拉了拉还是出不来,她把杯子微微倾斜了一下,想要避开水龙头,"砰"地撞到了下面的接水桶,杯子里的水撞洒了一半。小艾看着杯子,愣了一下,接着爬起身来。她是跪着接水的,起来的时候一个趔趄,杯子里的水跟着往上一跳,洒落到地上。小艾看了看杯子里只剩一点点的水,又低头看了看地上的水,对一直站在旁边观看了全程的我说:"你们的水桶太矮了,它要是高一点就好了。"

小班的孩子竟然能够主动地解决问题了!"怎么才能让水桶高一点呢?"我急忙问她。"在下面放一点东西它就高了呀。"小艾慢悠悠地答。"放什么呢?""积木吧。我们昨天玩的那种大的积木。"小艾一边说一边比画给我看。喝水环节结束后,我陪着小艾去到了结构室,小艾从积木筐里找到了她想要的积木。比较了两种相同形状不同厚薄的积木后,小艾选择了4块厚积木带回了教室,请我帮忙垫在茶水桶的下面。

下午喝水的时候,我看见有孩子会摸摸垫在茶水桶下面的积木,有的孩子会让自己的茶杯在水龙头和接水桶之间的空隙中"走一走",他们似乎觉得是这件非常开心的事。于是我趁热打铁向大家展示了小艾寻找积木的照片,并制作成海报贴在了茶水桶旁。孩子们兴奋地为小艾鼓起了掌:"小艾你太厉害了!""是呀!"我伸出大拇指夸奖她:"你为我们解决了一个大问题。"接下来的几天,水洒到地上的情况很少发生了,问题就这样被解决了。

国庆放假前的一个下午,小艾拍拍我说:"我们的水桶开关有点紧,妈妈说大概生锈了。"哦!我敏感地听到了小艾说的"我们的",是什么让她从"你们的幼儿园"转变为"我们的茶水桶"?也许是从她想出办法垫高水桶的那一刻,她与这个集体联系在了一起。

这是一件发生在幼儿园日常生活中的平凡小事,而我们的幼儿园生活正是由这样一件件平凡的小事积聚起来的,孩子们也正是在这一天天的平凡中成长起来的。小艾解决了大家在生活中真实遇到的问题,通过照片、海报她被看见了,通过分享展示她被认可了,在日复一日的喝水环节中,她感受到了自己是被需要的,于是归属感就这样悄然而来。

教师把一日生活中遇到的问题看作资源,陪伴支持幼儿经历解决问题的过程。当幼儿"被看见""被认可""被需要"时,就会产生对群体的归属感。在日复一日的真实生活中,师生共同遭遇问题、解决问题,并在良性循环中不断打破"教师与幼儿""'你们'与'我们'"之间的壁垒,共同经历成长。

(二)让幼儿成为共建的主体

共建的本质,是权力的分配,共同承担责任、履行义务,共同决定班级的日程,共同商讨班级活动的开展,当师幼双方享有同等的决策权时,教师会更多地去尊重幼儿的想法和意愿,努力配合与支持并最终促成,班级生活也会变得更"儿童",呈现出不一样的味道。

> 案例:一次"有孩子"的家长会[①]
>
> 一直以来,我们都认为家长会的参与对象只是家长和老师,而忽略了幼儿作为家园共育工作对象的核心地位和纽带作用。召开家长会是一个契机,如果能以幼儿为切入口,打通家长工作的路径,那么教师、幼儿、家长三者之间便能实现良性交互的沟通,真正实现共建。
>
> 马上要开家长会了,孩子们得知了这个消息后很激动,纷纷表示想参与其中。孩子们的反应让我对于即将召开的家长会有了新的想法,作为班级的一分子,班级发生的任何事情都与孩子们有关,即使是召开家长会。那么,他们想要怎样参加呢?我设计了几个问题,想先听听孩子们的想法。
>
> 问题一:什么是家长会?
>
> 孩子们:就是爸爸妈妈的工作;就是爸爸妈妈来儿童之家开会。
>
> 问题二:为什么要开家长会?
>
> 孩子们:是为了我们;要说说我们在儿童之家好的表现;老师有一些关于我们的事要告诉爸爸妈妈。
>
> 问题三:爸爸妈妈来开家长会,你希望他们了解什么?
>
> 孩子们:点心里的饼干很好吃;了解我在儿童之家做的事;看看我们的工作;看看我们的学具……
>
> 在孩子们的眼里,家长会和他们是息息相关的,因为看的是他们生活的地方,说的是和他们有关的事。在了解了孩子的想法之后,我们一起商讨策划,让这次家长会的筹备和以往有了一些不同:

[①] 该案例由上海市静安区南阳实验幼儿园赵映雪老师提供。

① 一起欢迎爸爸妈妈们

孩子们制作"欢迎板",用画自画像的办法制作了一张班级的集体照,全体小朋友一起欢迎爸爸妈妈们的莅临。家长会签到时,欢迎的仪式感满满,爸爸妈妈们看到展板时都很高兴,还认真地寻找自家的宝贝。

② 让爸爸妈妈们品尝我们最爱的饼干

陶子说:"我们的饼干很好吃,爸爸妈妈来开家长会很辛苦,可以尝尝我们的饼干。"可是,每天的饼干是限量供应的,该怎么办呢?孩子们提出可以早上吃饼干的时候留几块给爸爸妈妈,于是我们看到凯凯把他最爱吃的奥利奥留了下来,陶子留了两块饼干给爸爸妈妈。在了解了饼干的来龙去脉之后,爸爸妈妈们都心怀感动地品尝了饼干,尼尼妈妈说:"第一次吃到幼儿园的饼干,太好吃了!"

3. 学具大家玩

孩子们提出要让爸爸妈妈们也来玩一玩他们的学具。在这次的家长会中,爸爸妈妈们饶有兴致地摆弄着学具,交流着孩子们回家后是如何描述学具的。正是因为有了自己动手操作的过程,教师在介绍时,他们都听得格外认真。

在师生不断交换意见、相互启发的过程中,家长会从方案到环境布置、形式内容,处处都留有幼儿的痕迹。家长会中有对话互动,有游戏体验,变得活泼有趣,拉近了家园的距离。在共建的过程中,教师倾听和了解幼儿的想法,尊重幼儿的建议和意见,并在活动过程中积极采纳,师幼之间为了达成共同的目标而努力,在合作的行动中产生共振。

(三) 让想法推动共建的进程

每一个幼儿在亲身经历感受的活动中,体验也随之变得丰富起来,我们要相信幼儿们有这样的能力!共建,无需刻意设计,幼儿的想法和创意就是共建进程的助推器,教师更多地退到后面,默默地支持和鼓励,让幼儿按照自己的方式去经历自己的学习过程。

案例:我们升班啦[①]

一学年又临近尾声,孩子们即将升入大班,学期结束工作按部就班地进行着,没想到,孩子的一个问题打破了原有的平静。放学后,我和搭班老师在教室各自做着打包整

---

① 该案例由上海市静安区南阳实验幼儿园顾蓉华老师提供。

理工作,彬彬的小眼睛一直跟随着我们忙碌的身影,我以为他是有什么事情需要我的帮助,就迎着他的目光微笑着问他:"彬彬你有什么事情吗?需要我帮忙吗?"彬彬跑过来拉着我的手说:"顾老师,你们在干什么?""我们马上要搬到大班教室了,有很多事情需要做。"我一边回答一边整理,并没有停下手边的事情,他听完我的回答笑嘻嘻地和我说:"搬教室,我们也可以呀!"我笑着说:"你还小,恐怕这个事情你不行吧!"听了我的回答他并不死心:"我在家也经常帮助妈妈做事的。"彬彬和我的对话就如同平静的湖面突然被投入了一颗小石子,我的心头泛起了阵阵涟漪……

孩子们渐渐长大,他们对幼儿园、对班级、对两位老师和同伴都有强烈的归属感,他们喜欢这个环境,同时也希望自己在其中能做些事情,从而感受到"我很棒、我能行"的情感体验。大班孩子的社会性培养重点之一就是责任感和集体荣誉感,升班是孩子们自己的事情,他们只有他们自己真正参与这一过程才有发言权,才能梳理出应对各种事情的解决办法。我们常常说,要给孩子们充分的机会进行生活技能的练习,可是我们给他们机会了吗?

于是,我停下手中的事情和他说:"是吗?你长大了,也想帮忙一起搬家,真棒!明天我们再问问其他小朋友的想法吧!"彬彬使劲地点点头。

"孩子们,过了暑假你们就是大班的哥哥姐姐啦,真是要恭喜你们!"听到这话的孩子们都相视而笑,我想他们心里一定感到无比光荣吧!恒恒若有所思地问道:"那我们是不是变得很厉害?""对呀,因为我们是幼儿园里最大的哥哥姐姐了。"沐含接着说。"我们可以带着小班的弟弟妹妹一起玩呢!"芊芊笑着说。我接着说:"是呀,你们不但能带着弟弟妹妹玩,还可以做很多事情。"心心说:"那我们到大班了是不是就要去1号楼了呢?"我点点头:"我们升班了,需要从4号楼搬到1号楼的三楼。"彬彬迫不及待地抢先说道:"那我们一起帮忙搬家吧。"他的提议得到了全班孩子的响应,"我可以搬很重的东西,我的力气很大的""我们家搬家的时候,我也一起帮忙的"。孩子们你一句我一句地说道,期待着参与到这次升班的活动中。我顺着孩子们的话追问:"那教室里哪些东西是需要我们搬过去的呢?""我们的玩具。"心心第一个回答。"我觉得不用带玩具。"彤彤反驳道,"因为这些玩具都是中班小朋友玩的,我们长大了,所以应该留给弟弟妹妹们玩。"大多数小朋友觉得彤彤的话有道理,这时,戚戚指着玻璃墙说:"我们贴在墙上的作品可以带走。"芊芊说:"我们带来的有关动物和昆虫的书可以带走。"恒恒说:"还有我们种的花花草草和发芽的豆子可以带走。"孩子们一边听一边环顾教室,也在动脑筋想着还有什么是可以搬到大四班教室的。这时梓姮一下子站起来兴奋地说:"哦,我知道了,就是我们自己带来的或是我们自己制作的东西都可以搬过去。"大家都觉得梓姮说得很对。

于是我又问孩子们:"那这么多东西要怎么才能搬过去呢?""用袋子装着呗。"角落里的辰辰开口说道。这时彤彤像个小大人一样地说:"我觉得我们可以分开行动,就是有的人可以去整理图书,有的人可以去收集作品,我们家做事情就是这样的,妈妈总是会分配不同的事情给我和姐姐做。""那行呀,我们也可以像彤彤说的那样,你们自己分组,然后来分配事情好吗?"我的话音刚落,孩子们就行动起来了。

孩子们的潜能远远超出我们的想象,当我们把他们当成和我们一样的成人来对待时,会发现他们的思维能力、组织能力以及合作能力绝不亚于成人。我们只要提供一个信任的环境,孩子们就会大胆行动,就会在行动中不断拓展认知和能力。

教室里经过孩子们的整理、收纳、装袋,打包工作已经差不多完成了,接下去就是搬。孩子们一起讨论出路线,以及需要注意的事情,如"上下楼梯慢慢走,手必须扶好把手""轻拿轻放""遇到问题及时求助"等。商量好以后,孩子们很顺利地将第一批东西搬到了大四班教室,刚想要离开时,孩子们发现了两个问题,那就是:搬上来的东西堆放在哪里比较合适呢?怎么让别人知道这是我们中四班搬过来的东西呢?孩子们苦恼地看着我,我微笑着让他们席地而坐慢慢想,并鼓励他们,用坚定的眼神告诉他们:"静下心来你们一定会想出办法的。"于是孩子们在我的安慰下慢慢放下苦恼的表情,坐着思考……美琳细声细气地说:"能不能给大四班的老师发个消息?问问她我们搬来的东西可以放在哪里?""嗯嗯。"我竖着大拇指夸赞这是个好办法。馨怡急着反驳道:"发消息太慢了,还不如直接打个电话给她呢!""那谁来和大班老师说呢?"我反问馨怡,馨怡大方地说:"我来说。"我帮她拨通了大四班老师的电话,只见馨怡熟练地和大四班的老师对话起来。通过这通对话,孩子们解决了他们面临的第一个问题。

那还有第二个问题呢?

在馨怡热情地和大四班老师对话的时候,之恒已经想到了好办法,他迫不及待地举手说:"我们可以做个标记,贴在我们搬来的东西上就行了。"妹妹摇着头说:"不行啊,我们现在没有工具,怎么做标记呀?"小崔崔眼睛睁大,高声地说:"我们可以问大班的哥哥姐姐借呀。"就在孩子们你一句我一句的对话中,孩子们轻松地解决了遇到的问题。

经过一天的辛勤劳动,"搬家"工作很快就结束了,孩子们相互拥抱、鼓励,开心极了!

我们又一次坐下来聊天,复盘这一天的工作。

"孩子们,我们一起来分享一下你觉得今天你做得最棒的一件事情好吗?"孩子的话匣子再次打开,有的说:"我觉得我今天想出了好办法,我很棒。"有的说:"我今天把东西整理得很整齐,我很棒。""我今天把非常难清理的宝宝贴弄干净了,我很棒。"还有的说:"我帮忙搬很重的东西,别人都搬不动,我觉得我很棒。"

听着孩子们的分享,看见他们自信的样子,我觉得自己仿佛是世界上最幸福的老师。

幼儿需要被看见,并由此建立自信心,有自信的幼儿,会更加积极地参加各种活动,主动与他人交往,与同伴建立起良好的关系,勇敢地面对困难,大胆探索尝试。在儿童立场下,顾老师努力看见、相信、尊重每一个幼儿,与幼儿共情、共感,践行真实、美好的教育。

在真实的班级生活中,在一次次师生共建的活动中,班级全体成员的心与心更紧密地联系在一起。幼儿全身心地参与投入,在活动中学会了计划、商量、分享、合作,在充满安全感的氛围中,大胆地、自信地投入到班级活动中。一个人的想法,变成了大家的共识;一个人的困难,大家一起帮忙解决;一个人的快乐,成为了大家的快乐。共振的互动,营造出了团结、有爱、温暖的班集体。

二、顺应中的推进

师幼互动是教育的智慧,什么时候互动?怎样互动?如何在互动中形成共振?这些都是教师需要思考的问题。教师应把握互动的时机,找准互动的路径,拿捏互动的力度,让共振踩着节拍自然地发生。顺应中的推进,是顺水推舟,教师在幼儿身后、恰到好处地轻轻推,助力幼儿越过学习中的阻碍,不断超越自己。

(一)寻找共振切入点

每一个幼儿都有自己的学习偏好,如感兴趣的学习内容不同、擅长的学习方式不同等,发现幼儿的特点和喜好,并且以此为切入点,寻找适合的时机去和他们互动,才会事半功倍。

案例：嘟嘟的陀螺表演①

嘟嘟是个可爱的小男孩，还记得小班家访时，他把脑袋埋得低低的，一次也没有抬起来过。每天早晨我对他说"早上好"时，他总是捏着自己的衣角，紧张地左顾右盼。每当孩子们跟着老师一起跳舞、做操时，嘟嘟都远远地站在最后一排的角落里，一动也不动。老师从嘟嘟妈妈口中了解到，嘟嘟入幼儿园前曾有过在公共场合唱歌跳舞时发生不愉快的经历，于是和嘟嘟妈妈约定，在尊重嘟嘟意愿的前提下，从幼儿园和家庭两个方面共同努力，支持嘟嘟建立自信、敢于表达自己。每当有机会时，老师都会问嘟嘟"你想一起跳吗""你有什么想说的吗""嘟嘟觉得呢"……无论嘟嘟的回应如何，我们都会认同嘟嘟为自己做出的每一个决定并回应他，"你想这样做没问题""这次不跳也没关系""下次一定要告诉我们你的想法哦"。经过了小班、中班，嘟嘟在班级里交到了许多好朋友，会害羞地和老师微笑着打招呼，会在被邀请发言时轻轻地说："我现在还不想说。"

就这样来到了大班下学期，我们打算举办一场毕业联欢会，满足孩子们想要登台表演的愿望。联欢会的公告发布后，嘟嘟妈妈给老师发来了消息说嘟嘟想给大家表演"炫酷小陀螺"，并发来了他在家组装遥控陀螺的视频。视频里，嘟嘟的小手上下飞快地翻动，很快就拼装好了陀螺，并用编程的方式遥控陀螺旋转起来。嘟嘟妈妈告诉我们，嘟嘟可喜欢这些编程、电子类的活动了。这实在太让人惊喜了！老师赶忙回复嘟嘟妈妈，并约好当面问问嘟嘟的想法。

第二天一早，我问嘟嘟："嘟嘟，听妈妈说你想给大家表演小陀螺是吗？"嘟嘟没有说话，只是轻轻地点头。如果是嘟嘟不想做的事情，他就会沉默着捏衣角，而这次看来是他真的愿意！我试着建议："我看过你组装陀螺的视频了，你可以把零件带来幼儿园，现场搭给大家看吗？这样一定会更有意思的！"嘟嘟又点点头，轻声说："可以的。"

了解到嘟嘟的个人意愿后，还有另一个问题亟待解决，那就是陀螺实在太小了，如果现场展示的时候看不清，就会影响表演的效果，打击了嘟嘟好不容易鼓起的勇气就糟糕了。嘟嘟跨出了他的第一步，我们也得给他最大的支持让他向前走才行。老师们一起冥思苦想，终于想到了好办法：运用在线方式现场直播嘟嘟组装陀螺的过程，在攻克了技术支持的问题后，我们请嘟嘟妈妈事先和嘟嘟沟通好，让嘟嘟放心大胆地展示自己的"绝活"。联欢会那天，当嘟嘟现场拼搭好陀螺并用遥控器让陀螺转动起来时，小朋友

---

① 该案例由上海市静安区南阳实验幼儿园谢雯佳老师提供。

纷纷叫起来:"酷哎!嘟嘟好厉害,再来一遍吧!"嘟嘟的脸又红了,他害羞地微笑着说:"那我再来一遍。"

其实每个孩子都是嘟嘟,有自己的个性特点和学习特点,而为每一个孩子搭建舞台、鼓励他们展现出自己,让孩子真心地为自己感到自豪,认识到身边同伴的多面性,不仅是我们举办联欢会的初衷,更是我们在每一天的日常活动中想要努力实现的目标。因此,联欢会的参与方式可以是多种多样的——讲故事、表演篮球动作、展示折纸飞机、分享参观花博会的见闻、介绍自己学游泳的经历、和好朋友一起跳舞……与之相应的,我们的支持方式也是多种多样的——播放故事PPT,给孩子的表演配上背景和背景音乐,鼓励家长从孩子现有的兴趣出发寻找切入点……孩子们心中充满了对联欢会的期待,体会到被看见和被认同的满足,生发出对自己的信心和挑战未知的力量。

每个幼儿的成长都有精彩的瞬间,关键在于我们在恰当的时机用恰当的方式牵起他们的手。共振的关键,是找到与幼儿建立联系的切入口,这就需要教师耐心、细心地观察与了解每一个幼儿的个性特点和学习特点,并在此基础上点燃他们学习的热情,让一次次的轻推,为幼儿创造出属于他的"机会之窗"。

(二) 让多元表达被看见、被听见

让幼儿大胆、自信地表达自我,是幼儿园的培养目标,有的幼儿擅长口语表达,有的幼儿擅长肢体表达,有的幼儿擅长用符号表征表达……正如瑞吉欧教育理念所说的:"儿童表现自己对世界的认识是多种多样的,儿童有一百种语言,一百个想法,一百种思考、游戏和说话的方式……"教师要引导和鼓励幼儿用自己擅长的方式表达学习过程中的发现及感受,让多元表达被看见、被听见。每个幼儿都是班级中一个小小的能量场,当多元的表达在同一场域互动,成为一种共振时,这一个个小能量场就能汇聚成更大的能量场。

案例:我们的故事圈[①]

在幼儿园讲故事活动结束后,孩子们依然保持着很高的热情,我想,这是一个让更多的孩子能够表现、发挥自己能力的契机。为进一步激发和延续孩子们的阅读兴趣,我

---

① 该案例由上海市静安区南阳实验幼儿园华蕾老师提供。

们约定将睡前5分钟预留出来,变为"故事大王"时间。故事大王开讲了,看见TT、小绿豆、沙沙、妞妞等几个孩子总是占据着讲故事的时间,我欣喜又无奈,欣喜的是讲故事小舞台受到了一部分孩子的欢迎,个别语言表达能力较强的孩子从中得到了锻炼,无奈的是那些没有上台讲过故事,只坐在下面听的孩子,他们有发展、有收获吗?

班级中的孩子能力水平不同,兴趣点不同,对故事的理解也不相同。在讲故事的活动中,除了口头表述,是否能结合班级图书角,创设阅读环境,使不同能力水平、学习风格的幼儿在与环境的互动中,用他们擅长的方式来表达他们的所思所想呢?考虑到幼儿有听、说、读、写等不同的阅读能力,我创设了"故事圈"的阅读环境,模拟微信朋友圈的样态。在"故事圈",可以发布故事(包含书的封面照与故事录音),还可以评论故事(点赞、语音评论、绘画评论等);以及提供了录音笔、圆点贴纸、便利贴、水笔、蜡笔等工具便于孩子们录音、记录。孩子们自制了"故事圈"头像,在"故事圈"正式启用之前,我们一起制作了两面小旗,便于大家预约故事大王的时间。

孩子们兴奋地炸开了锅。"我看到过妈妈用微信的,就像这样按住说话就可以让人家听到了。""我不会打字,但是我会用外婆的手机发表情,我还会自己下载表情包呢!""我们也要有自己的朋友圈啦!"……这不,小绿豆当仁不让,主动预约了要发布故事。

看到故事圈里有了故事录音,孩子们觉得有趣极了。一到休息时间,就跑去拿着录音笔听一遍,人多的时候,还有人会喊道:"录音笔开得响一点,给我们一起听。"

小楚平时不太主动和同伴交往,是个比较安静的小男孩。只见他取了一个圆点贴纸写上自己的学号,贴在评论区内。他说:"我不会画画,但是觉得他说的故事很好听,所以我就把学号留在上面了,我给他点赞。"

子涵最喜欢画画了,她在便利贴上画了个小人贴在评论区。她说:"我画的是故事里的那个小女孩,我太喜欢她了。"

TT是小绿豆的好朋友,也是个能说会道的孩子。他用点读笔录音的方式留下了自己的听后感:"小绿豆,你的故事讲得真好。我也要来讲故事,下次你来听我的故事哦!"

自从有了这个属于孩子们的"故事圈",更多孩子愿意来做故事大王了。他们说:"我也想要收到好朋友的点赞和留言。"故事大王越来越多,听众的反馈也越来越踊跃。这么多的故事,没多久,录音笔就会被新的故事覆盖了。该怎么做,既能将孩子们的故事录音和评论情况保留,又能记录新的故事呢?TT提出了他的想法:"那就拍照吧,把照片打印出来,不就一直看得到了吗!"对啊!这就像手机上的"截屏"功能。通过"截屏"照片回顾每位故事大王的点赞情况,一起评选出故事大王中的点赞王。教师也尝试将故事大王们讲过的故事封面拍照塑封,再贴上他们讲故事的录音标贴,制作成一本幼儿的故事册,这样,感兴趣的朋友又可以继续听赏了。

在和孩子们一起共建"故事圈"的过程中,我发现一些语言表达能力较弱、胆子较小、不愿上台讲的孩子对阅读这件事更有兴趣了。不善表达的孩子,会贴圆点贴纸点赞表示喜欢;喜欢画画的孩子,会在便利贴上把最喜欢的故事角色画下来;善于语言表达的孩子,不仅自己来讲故事,也会拿起录音笔对别人讲的故事进行语音点评……孩子们也不再局限于教师组织的集体听故事时间,而是在休息的时候,能够随时发布故事或听赏自己感兴趣的故事。

当教师关注到幼儿表达表现的特点和差异,并给予包容和支持时,幼儿的表达方式和途径更丰富了,除了说一说,还能写一写、画一画、贴一贴,表达表现的愿望与兴趣被激发,从而获得满足、提升自信。

三、转换中的提携

干预,是教育中的一个中性词,教育需要适时、适度的干预。转换中的提携,就像是牵着孩子的手前行。在共振的互动中,教师关注幼儿在学习过程中正在发生的问题,灵活地平衡预设与生成的度,用柔性的指导方式与幼儿建立联结,让幼儿在有意义的深度学习中获得成功、快乐的体验。

(一)因势利导

因势利导中的"势",是指发展的趋势、问题的走势。因势利导,一方面,强调教师在教育中要发挥主导作用;另一方面,尊重幼儿在学习中的主动性和主体性,在互动中,教师要顺势而为地为幼儿提供支持,为幼儿指点迷津,帮幼儿找到方向,从而助推幼儿的学习走向深入。

案例:屋顶上的那个球①

在大班下学期开展的"我们的城市"主题活动中,孩子们收集了有上海特色的建筑图片,并想要动手来搭一搭。建构高手小姚说:"我要搭国际会议中心。""为什么呀?"孩子们问。"因为它的屋顶上面是个球"。"球?""球怎么搭?"小姚信心满满:"你们等着瞧吧,看我来搭给你们看。"

小姚很快就造好了圆柱体的房屋主体,开始造"球"。他先拿来了圆环积木,试图让圆环积木能够站立起来,没有成功,又拿来了三角积木,代替圆环积木"站起来",接着拿了半圆形的积木盖顶。看到这,我心想:这就造好了?这是球吗?好吧,这是孩子们的游戏活动,我就不要指手画脚了,他们自己满意就好了。没想到,我走过小姚身边时,他一把拉住了我:"这不是球。""对呀,这当然不是球。"我微笑地看着他。"可我想搭个球。"小姚皱着眉头悄悄地问我,"那球是怎么搭的?"看来"高手"今天遇到了难题。我找来了一个足球和一个圆柱体问他:"哪个是球体?"小姚一把拿过足球说:"这个呀。球体是特别圆的。"他又指着圆柱体积木说:"这个是圆柱体,它像柱子一样。我要的是球体,是这样会滚的,而且,不管从哪里看都是圆的。"他对球体和圆柱体的概念非常清楚,一时间我也不知道还可以说些什么,小姚拿着足球继续搭建,他试图将足球作为中心,用积木包裹它从而搭建一个球体,结果,又没有成功。建构游戏很快结束了,孩子们一边穿鞋一边问小姚:"球搭好了吗?"小姚支支吾吾地说:"急什么,不是要搭两次吗,今天来不及了,下次搭好了给你们看。"

游戏结束后,我照例要整理一下录像记录,但回看录像的时候,小姚与同伴的一段对话,让我觉得有一点点心疼。这个每天神采飞扬的孩子拉着和他一起搭建的同伴坐在一旁看他们的作品,他问:"你觉得这是球体吗?"同伴很坚定地摇摇头说:"不是,我觉得这还是圆柱体。"小姚小声地说:"我也觉得这是圆柱体。""球都是圆圆的。""球都是有弧度的。""就要把它改成弧度,而且不能有缝隙。"小姚旋转着手里的球说道。

孩子的游戏,我到底要不要出手?如果出手,我该怎样出手呢?一方面他并没有再来求助,我的介入是否会影响到他之后可能会发生的主动学习呢?另一方面,不论是从他搭建过程中的表现,还是与我互动的对话中,我都可以感觉到他心中清楚地知道球体和圆柱体的区别,但就是搭不出来。之后的几天里,我观察到小姚在美工区用超轻土做

---

① 该案例由上海市静安区南阳实验幼儿园陈玮珺老师提供。

了一个球体;在足球课上抱着足球来回地摩挲;把生活区的玻璃弹珠捏在手心里。我知道他一定非常想要做出那个"球"。

但是他的问题出在哪里呢？我问自己,如果是我,要用积木搭一个球该怎么做呢？我发现我也不知道。于是我搜索了网上的建构图片,突然发现别说孩子了,我自己也从来没有这样观察过一个球体。我们告诉孩子球体不管从哪个方向看都是圆形,我们给他们玩具让他们体验球体可以分成两个半球体。在生活中我们切球体状的物体时一般也是从中心一切为二的,孩子们对于分解球体的经验大多如此,而建构球体恰恰与此不同。建构受重力、平衡等因素的影响,必须要从下而上进行建构,就相当于将球体多次分解,显然这是小姚所不具备的经验。于是我决定帮帮他。

我告诉小姚我能用积木搭一个球体,不过他要先用超轻土替我做一个小球,并且吹干。小姚听了立马跑去美工区做了一个球,小心翼翼地放到窗台上,好容易等到小球干透了,我们的建构时刻也到了。小姚问我:"今天,你要帮我一起搭球了吗？"我笑着看他:"我今天要帮你切球。"小姚疑惑地看着我:"切球？""是呀,也许我切了这个球,你就会搭球了呢。"我问他:"你猜一猜如果我把它切开来会是什么样子？""两个半圆呀。""如果我多切几刀呢？""一片一片的像切好的胡萝卜？像切片的香肠？圆圆的、扁扁的？"伴随着他的猜测,我把超轻土小球切成了6片。"那如果把这些胡萝卜片再叠起来呢？"我问。"哦！我知道了！"小姚大叫起来,"那就是球体呀。""那你看看这些胡萝卜片都一样吗？""不一样不一样。"小姚一边摆弄一边说,"有的大,有的小。你看这些圆从小到大,再从大到小,就能变成球了。"小姚想明白了,拉上他的搭档就奔向积木筐里去寻找他需要的材料了。

游戏对于幼儿思维发展的重要作用得到了广泛的肯定,"要把孩子的游戏还给孩子"也得到了广泛的认可。"还给孩子"就是不介入、不插手吗？我想并不是,教师的作用应当在于启发与推动。判断是否该介入、该如何介入的前提是认真地思考问题。就像一个球,用不同的切割方式进行切割,我们可能得到不一样的结果,从哪里下刀,怎样下刀是我们一直需要探索和学习的。

幼儿的知识学习是一种非正式学习,有着学龄前儿童的特点,幼儿园的教学有别于学校里的课堂教学。长期以来,教还是不教一直是困扰着幼儿教师的两难问题,难就难在时机的判断和度的把握。我们认为,知识需要传授,但传授的时机考验着幼儿教师的专业能力。一名有智慧的教师,该教的时候毫不犹豫,不该教的时候绝不出手,对幼儿学习过程中的"势"能够做出明确的判断,因势而为、顺时而动。案例中的陈老师,在小姚遇到建构难题的时候,巧妙地在生活与学习之间找到了教的切入点,恰到好处地进行有力的互动,引导小姚迁移已有的经验,提供了搭建球体的思路和线索。

(二) 因需而变

因需而变,是指教师在"有准备的精心设计"的同时,关注到幼儿在学习过程中动态产生和变化的兴趣与需要。在共振的互动中,兼顾教育的预设和幼儿的生成,通过预设与生成的灵活转换,更好地顺应幼儿的学习需要。

案例:跳房子[①]

主题活动"我是中国人"正在大班如火如荼地开展着,为了让孩子们体验到中国传统文化的博大精深,我们创设了一个民间游戏体验区,让孩子在个别化学习中去了解中国的民间游戏。孩子们非常喜欢其中一个"跳房子"的桌面棋盘游戏。有一天,安安来和我说:"汤老师,我回去和妈妈说我很喜欢玩跳房子的游戏,妈妈说她小时候也玩过跳房子的游戏,不过是用粉笔在地上画格子,然后一格一格跳着玩的。我们能不能也这么玩呀?"安安想走出棋盘,在真实的场景中玩,这当然可以!下午放学后,我就在教室里找了一块场地,用胶带拼贴出了一幢平面房子。第二天早上,安安走进教室就看见了它,兴奋地在格子里跳了起来,其他孩子们也很喜欢,在跳房子的过程中创造了很多玩法。

很快,"我是中国人"主题活动进入尾声,在调整环境时,我把拼贴成这幢房子的胶带撕掉了,没想到,孩子们看到地上空空的,都纷纷问:"汤老师,地上的房子怎么不见了?"从孩子们急切的询问中,我感到自己做了一件"坏事",他们很喜欢那幢消失的房子,但撕都撕了,怎么办呢?重新在教室里找个角落再变一幢"房子"出来吗?但教室的空间有限,主题结束了,环境也要随之动态调整,怎样才能兼顾孩子的需求,又能让之后的主题环境顺利呈现呢?

我觉得此时我应该"放手",这是一个让孩子独立思考、解决问题的好机会。在放学

[①] 该案例由上海市静安区南阳实验幼儿园汤晓筠老师提供。

前,我抛了两个问题给孩子们:"玩跳房子的场地要固定吗?跳房子的材料要固定吗?"第二天,孩子们带来了他们的回答,每个人都有自己的想法:有的孩子说跳房子的游戏不仅可以在教室里玩,还可以在操场上和家里玩,而且拍了在家里玩的视频给大家看;有的孩子对材料进行了再开发,不再是以前的用粉笔、胶带画格子,他们还想到了用泡沫游戏垫、操场上的轮胎、彩色塑料管、呼啦圈等拼搭房子的造型;甚至还有孩子计划用报纸卷成纸棒来拼搭房子的造型。

民间游戏——跳房子的版本升级啦!自由活动、户外和室内运动时,都是孩子们跳房子的时刻,孩子们搭建了各种各样的房子,还自己设计游戏玩法,玩得热火朝天。其他班级的孩子看到了,也积极地加入进来,跳房子变得更有趣、更有挑战性了:拿个沙包扔到哪一格就要避开这一格跳,和小伙伴一起猜拳轮流跳,设置障碍物跳等,新式跳房子成了热门游戏。

这就是民间游戏——跳房子的故事,在这个故事中,我们看到了幼儿们的主动发展,也看到了老师对生成玩法的顺应与支持:从幼儿们的兴趣点出发,让他们主动去解决问题,通过让幼儿自己计划、给予幼儿尝试的机会、鼓励幼儿在游戏过程中发挥创意等,使跳房子游戏"旧酒装新瓶",玩出了创意和乐趣。

同频共振的互动,是一种和谐、开放的师幼互动状态,教师发自内心地去观察、解读幼儿,尊重幼儿的兴趣、满足幼儿的需求、支持幼儿的想法,真正让幼儿在放松的、自信的状态下玩自己想玩的游戏、学自己想学的本领、做自己想做的事情,协同幼儿在学习过程中勇敢攀登,在经历中成就精彩。

第四章

经历的助力
——发现进步的评价

教育评价是对教育目标与价值追寻的体现，《幼儿园教育指导纲要（试行）》提出：教育评价是幼儿园教育工作的重要组成部分，是了解教育的适宜性、有效性，调整和改进工作，促进每一个幼儿发展，提高教育质量的必要手段。幼儿发展评价是以3—6岁儿童为被评价对象，指向儿童发展现状及改进的价值判断活动，是评估和改进教育教学，保障每一个幼儿在原有基础上发展的重要手段。美国著名教育评鉴学者斯塔弗尔比姆（Stufflebeam）提出："评价的目的在于追求改进，而不在于证明什么。"在评价中要以发展的眼光看待幼儿，既要了解其现有水平，也要关注其发展的速度、特点和倾向等。每一所幼儿园、每一位教师都在对幼儿做出评价，作为一所以"让每一个孩子经历自己的学习过程"为课程理念的幼儿园，我们一直在思考：怎样的幼儿发展评价才能更好地发挥激励成长的作用，让幼儿的经历过程更有意义。

第一节 发现进步的评价观

本书中认为:为发现进步而评价!在教育过程中,无论是教育工作者还是家长,无论是在学校还是在家庭的日常生活中,发现进步在教育个体、支持成长过程中所产生的积极作用是不可估量的。以支持幼儿经历为出发点的发展评价,是一种发现进步的评价,不仅要发现幼儿发展的个体差异,更重要的是期待幼儿每天进步一点点,以尊重和爱为前提,以欣赏和激励为方法,探寻幼儿学习和经历的过程,帮助教师全方位地了解与发现每一个幼儿,发现不一样的幼儿,成就不一样的幼儿,同时助力幼儿更自信地经历成长。

一、对进步的诠释

"进步"是指人或者事物向上、向前发展,我们所说的进步,主要指向成长中的变化,它不是好或坏、强或弱的简单评判,而是个体在经历中螺旋上升的、交织着量变和质变的发展过程。进步可能是明显的,也可能是隐蔽的,是由少到多、由小到大的量的累积,是从无到有、从有到优的质的飞跃,进步,是在日复一日中的潜移默化。

二、发现进步对幼儿经历的意义

旨在发现进步的幼儿发展评价,可以对幼儿一日生活的一言一行进行正向反馈,营造向善、向上的成长场域,激活幼儿发展的内在动机,激发幼儿的成长动力,激励幼儿的坚持努力,引导幼儿从不自知到觉知,从积极的角度认识自己,从而主动学习,更有自信地去经历自己的学习过程,感受成长的快乐。

（一）从积极的角度认识自己

人不可能十全十美。人既有优点也有缺点、既有优势也有弱势，关键在于怎么去评价。如果我们总是用统一的标准去评价幼儿，幼儿就会失去那份与众不同，淹没在人群中失去自我。发现进步，就是承认人的不完美和独特性，从每一个幼儿的原有状态出发，引导他们寻找和正视自己的特点与发展现状，接受自己的不完美，并在不断的、持续的努力过程中，去成为更好的自己。更好的自己，是一种主观期待与体验，不仅仅是进步的结果，更是成长过程中的点滴变化，每天去发现自己的进步，是成长的馈赠。

（二）产生坚持努力的内生力量

伴随课程理念"让每一个孩子经历自己的学习过程"的提出，结合对幼儿学习与发展状态的认识（幼儿是主动的学习者，而不是"被学习"的对象），"主动"体现出了幼儿作为发展主体，其行动是自由的、自主的、从内心需要出发的积极行动。该行动是由内而外驱动的，而非外界所强加的。当幼儿的主动性被充分调动起来的时候，他们的激情和潜能的发挥就会像火山爆发一样不可阻挡。教师以尊重幼儿的个性为前提，以信任、真爱为基础，发现幼儿成长中的点滴进步，并给予及时的赞美和鼓励，从而激发幼儿的主观能动性，把教育的要求内化为个体自觉的学习行为，进而实现自我激励、主动发展。

（三）更积极地面对困难和挫折

岸井勇雄认为幼儿学习与发展的关键是获得具有不可估量的"快乐体验"，即"做想做的事的快乐（自发性、主动性发挥）、全力投入活动的快乐（全力活动）、把做不到的变成做得到的快乐（能力的增强）、把不知道的变成知道的快乐（知识的获得）、进行创造的快乐（创造）、自己的存在被他人承认时的快乐（人格认同）……"[①]发现进步的评价，引导幼儿从个体发展的起点出发向前进，不单纯以成败来评价自己，看见自己在过程中付出的努力和进步，在面对困难或挫折时，能积极面对，逐步形成成长型思维。

---

① 岸井勇雄. 未来的幼儿教育：培育幸福生活的能力之根基[M]. 李澎，译. 上海：华东师范大学出版社，2010.

三、对评价中几对关系的认识

如何看待进步,如何让幼儿在发现进步的评价过程中更主动地去经历?从课程理念出发,我们以"发现进步"为幼儿发展评价的出发点和归宿,反思过往在评价中存在的误区,进而对其中涉及到的几对关系进行再思考。

(一)既要肯定优点,也要鼓励进步

一般来说,进步是对一个人纵向的评价,和个体原来的基础做比较,优点是在群体中对个体的横向评价,是在和他人的比较中得出的,发现优点不难,但发现进步就需要教师用心去观察。在评价的过程中,教师经常会用幼儿身上的"闪光点",或者某个幼儿比其他幼儿好的地方来描述进步,把进步和优点画等号。之所以出现这个问题,是因为教师更容易看到优点和长处,受思维定势的影响,对于幼儿身上存在的缺点形成了刻板印象,因刻板印象蒙蔽了发现进步的眼睛。我们认为,在评价中既要肯定优点,也要鼓励进步,使优点成为进步的动力,使更多的、更大的进步累积转变为优点。

(二)既要关注结果,也要注重过程

教师比较容易看见较为明显的进步,而容易忽略那些程度细微的进步,对于进步速度缓慢的,或者有反复的幼儿,缺乏等待的耐心。今天"栽树",明天就想"收获",希望通过教育过程看到幼儿身上立竿见影的变化,这是由评价的结果导向导致的偏差。让我们把关注的焦点转回到过程上来,认识到进步的程度和速度是因人而异的,受很多因素的影响,把评价进步的阈值降低一些,去发现每一个微小的进步,去耐心等待幼儿的成长和变化。量变就是进步的过程,质变就是进步的结果,揭示结果背后的过程要素,才能更好地激励幼儿主动经历自己的学习过程。

(三)既要依托他评,也要积极自评

认识和接纳自己,是幼儿学习的一项重要内容,然而,在以往的评价中,教师担当着评价者的角色,幼儿更多的是等待着接受教师的评价,这暴露了教师对于幼儿作为评价主体的地位不够重视的问题,没有给予幼儿应有的评价权。进一步尊重幼儿在评价中的主体性,在发挥教师自身示范作用的同时,还应更多地支持、引导幼儿学习评价自己,发现自己的进步,让

"成为更好的自己"成为每一个幼儿内心的成长目标和积极愿望。

第二节 发现进步的多方评估

在支持框架的构建过程中,我们力求从"全面"的视角建立和完善幼儿发展的评估工具,以"客观"的态度还原幼儿的真实发展现状,关注幼儿个体成长的每一天,发现他们成长中的每一点进步,在已有的幼儿发展评价中寻找存在的问题,并借鉴以往的成功经验进行优化。我们致力于两方面的实践探索:其一,对幼儿园的幼儿发展评价指标进行进一步完善;其二,以发现进步的评价观来形成多方共识,让幼儿、教师和家长共同参与其中。

一、幼儿主动发展评价指标的研发

2014年教育部颁发的《关于全面深化课程改革落实立德树人根本任务的意见》中,首次提出"核心素养",明确指出在基础教育阶段应该帮助学生形成适应终身发展与社会发展需要的必备品格和关键能力。学前教育作为基础教育的基础也需要承担教育的使命,为培养核心素养奠基,我们积极回应时代的要求,以核心素养的培养为出发点,重温以及学习《3—6岁儿童学习与发展指南》《上海市幼儿园办园质量评价指南(试行稿)》《上海市教育委员会关于深入推进本市幼小科学衔接工作的实施意见(试行)》,进行评价指标的迭代与研发。评价指标的迭代,是"从有到优"的过程,对园本化幼儿发展评价指标的修订和完善,使其体现幼儿园"全面素质启蒙基础上思维能力发展见长"的培养目标下的幼儿发展的具体评价内容。评价指标的研发,是"从无到有"的过程,聚焦"幼儿主动发展",侧重于对幼儿经历自己学习过程中的主动性进行考察。

伴随着课程理念"让每一个孩子经历自己的学习过程"的确立,在运用园本化幼儿发展评价指标对幼儿进行全面评价的同时,我们结合对幼儿学习与发展状态的新认识,围绕核心素养的自主发展（学会学习）的基本内容，研发指向幼儿主动发展的"幼儿主动发展评价指标"，它从属于园本化的"幼儿发展评价指标"，是对幼儿发展评价内容的丰富与拓展。有助于教师在一日生活全过程中更准确地发现、识别幼儿在经历过程中的点滴进步。

案例：聚焦主动，发现进步——幼儿发展评价指标的研发[①]

背景：从2020年9月至2023年8月，我们不断基于实证研发"评价指标"。回顾研究过程，是"研发"的过程，更是我们教师助力幼儿转变行为和观念的过程。研究过程分为以下三个阶段：

第一阶段：学习、研讨，明晰"评价指标"框架与内涵

我们借鉴霍力岩教授领衔的《学前儿童主动学习指标体系研究》成果[②]，确立"评价指标"的基本结构为："基本维度""关键发展指标""指标含义说明""发展阶段""幼儿行为描述"。教师是评价幼儿的重要他人，"评价指标"是教师评价幼儿的"拐杖"，因此，我们借助教研组专题研讨的形式，组织全体教师学习文献，明晰"评价指标"基本结构的内涵，为教师科学使用"幼儿主动发展评价指标"打下了坚实的基础。

"基本维度"："主动学习"强调幼儿基于互动的参与式学习品质，互动对象既包括"物"也包括"人"，因此，初步将"对物操作"和"与人交往"确定为幼儿主动学习的"维度"指向。"对物操作的主动学习"强调幼儿在活动中不依靠外部力量的推动，主动参与活动、积极投入、并努力达成目标；而"与人交往的主动学习"强调幼儿积极与同伴、成人交往。基于此，将幼儿主动学习的基本维度确定为参与、交往、发现、探索、合作五个方面。

"关键发展指标"：是幼儿主动学习应涉及的重要学习方式或过程，以及应着重培养的学习品质，是指对具体可测量、行为化和操作化的衡量发展目标和发展水平方法的精炼。

"指标含义说明"：若要对幼儿的主动学习情况进行观察与记录，就需要将主动学习落实于幼儿外在的行为表现上，所以"关键发展指标"都应有"指标含义说明"，即若干描述幼儿主动学习行为的词汇、语句。

"发展阶段"：在主动学习的过程中，幼儿的行为表现会呈现出发展的阶段性，表现了幼儿学习过程具有循序渐进、不断发展的特点。为了帮助教师识别幼儿发展的现状，

[①] 该案例由上海市静安区南阳实验幼儿园陆玮芳老师提供。
[②] 霍力岩,孙蔷蔷,陈雅川.学前儿童主动学习指标体系研究[J].基础教育,2017,14(01):68—78.

了解幼儿主动学习发展的潜在和可塑方向,研究将所提炼出的每个关键发展指标的发展阶段划分为三个阶段,更好地帮助教师运用"幼儿主动发展评价指标"识别、发现幼儿的进步过程。

"幼儿行为描述":通过教师描述的幼儿主动发展行为表现"透视"幼儿主动学习的行为特质,从中提炼出幼儿的典型行为表现,以此来具体阐述"基本维度"和"关键发展指标"的含义,有利于教师更准确、全面地关注每一个幼儿的经历过程。

第二阶段:初步尝试、探索,确立"评价指标"

从理解抽象的"评价指标"说明,到将幼儿的行为表现与"评价指标"建立联系,我们的教师一边摸索一边积累,初步尝试建立"评价指标"。

教师认为难点在于:教师如何描述幼儿行为? 如何更好地将幼儿主动学习状态下的行为与"基本维度""关键发展指标"等进行匹配,体现不同年龄段幼儿的发展特点?

问题解决的行动是:首先,各教研组结合专题研究,设计《幼儿主动学习能力发展观察实录表》,开展一日活动各领域的幼儿观察,记录行为表现,结合"关键发展指标"和"指标含义说明"进行反思与调整;其次,通过定期的分享交流,教师将看到(记录)的关键事件和幼儿的"行为描述"进行对应与关联,通过对话交流,不断加深教师对于"评价指标"的印象与理解,使"评价指标"初步内化于心、外化于行;再次,学期末各教研组提炼各年龄段与"基本维度""关键发展指标"匹配的"行为描述",确立"评价指标"初稿。

同时,我们发现:教师在评价幼儿时的关注点,往往是某个事件,或某个活动,而我们倡导的"发现进步"的评价理念,不是结果性评价,是发展性、过程性评价。如果以某一个活动(事件)评价幼儿,则不能体现教师发现进步、助力经历的儿童观与教育观。于是,教师们开展研讨,最终达成共识:"评价指标"的运用须摒弃功利性,不能为了研发而研发;"评价指标"的作用在于对幼儿经历的扶持。因此,教师应持续、深入观察幼儿在某一阶段或者连续活动中的行为表现。

问题解决的行动是:①修订《幼儿主动学习能力发展观察实录表》,在开始部分添加了"幼儿情况分析",凸显个别化教育;采用多次的跟踪记录,更加关注幼儿变化、进步的过程;在"活动实录"后面增加了"我的思考",加强教师的即时反思、方法的梳理及后续的设想,根据幼儿的情况,灵活调整记录时间段,时间跨度有的是几天、一周、两月,有的甚至跨越一个学期,便于教师厘清幼儿的成长过程。②学期末各教研组继续梳理各年龄段与"基本维度""关键发展指标"匹配的"行为描述",修订"评价指标"。

第三阶段：自动化应用和"评价指标"完善相辅相成

我们通过"发现问题——制订方案——实践探索——反思调整——发现新问题……"不断循环的路径研发"评价指标"。"评价指标"协助教师精准了解每一个幼儿的需要、准确分析幼儿的行为，采用适宜的教学方法，不断支持幼儿每天进步一点点，教师在自然情景下自动化地应用"评价指标"。这样的应用，又能为"评价指标"的完善提供更多的信息，为更好地提炼各个发展阶段的"行为描述"提供丰富的素材。

各教研组先后开展了4项共3轮专题研究，积累了830篇幼儿主动学习的观察实录，在全体教师的共同努力下，南阳实幼《幼儿主动发展评价指标》历经从无到有、从有到优的过程，成为了发现幼儿进步的有力工具。

表 4-2-1　幼儿主动发展评价指标

基本维度	关键发展指标	指标含义说明	发展阶段	幼儿行为描述
参与	适应融入	适应新的环境，积极主动地参与各类活动，并在活动中表现出持续的兴趣和热情	第一阶段	• 对活动感兴趣，但仍会想办法留在信任的成人身旁，或待在某个自己感觉舒适的区域中，活动参与度不高 • 在成人的带领下参与活动 • 愿意和小朋友一起游戏 • 喜欢上幼儿园
			第二阶段	• 独立自主地选择活动内容
			第三阶段	• 乐于参与各类活动，在活动中独立自主，积极热情
	计划选择	根据自己的兴趣或意向，制订活动计划，并自主选择材料或活动方式	第一阶段	• 通过指认或其它动作做出选择 • 能根据自己的兴趣选择游戏或其它活动 • 喜欢承担一些小任务
			第二阶段	• 根据自己的意愿（兴趣、需要、经验等）制订计划（口头、书面等），并按计划开展活动 • 用一两个单词或短句简单地表达自己的

（接上表）

基本维度	关键发展指标	指标含义说明	发展阶段	幼儿行为描述
发现				计划和选择 • 进专用活动室，选择未完成的材料继续探索 • 倾听同伴的建议，调整自己的计划
			第三阶段	• 根据之前对自己提出的进阶目标，开展持续的探究 • 能用细节具体说明自己的计划和选择 • 在活动进程中，围绕自己的目标，边玩边主动调整计划
	善于观察	对周围新奇的人和事物，或将要发生的事情感兴趣，善于通过观察发现不同事物的不同属性或发展变化	第一阶段	对感兴趣的事物能仔细观察，发现其明显特征
			第二阶段	• 通过观察对事物或现象进行比较，发现相同点与不同点 • 能够从整体和局部，进行多角度观察
			第三阶段	• 通过观察寻找游戏失败的原因 • 通过观察理解、推测同伴的意图 • 聚精会神地专注观察，发现不同种类物体的特征或某种事物的前后变化
	喜欢提问	面对新异事物和未知事物时，乐于思考，喜欢提出问题以满足好奇心	第一阶段	• 对幼儿园的生活好奇，会问简单的问题
			第二阶段	• 面对未知，会提出问题，以求进一步了解 • 面对失败，会向自己提出问题 • 对以往的活动规则（讨论结果）提出自己的想法
			第三阶段	• 会提出越来越复杂的问题，刨根问底，想了解更多

（接上表）

基本维度	关键发展指标	指标含义说明	发展阶段	幼儿行为描述
交往	乐于接触	愿意与同伴一起游戏，主动建立并保持良好的人际关系	第一阶段	• 愿意与熟悉的长辈一起活动 • 愿意和小朋友、老师一起做事或游戏
			第二阶段	• 对同伴活动表现出兴趣，愿意主动接近并加入某个团体 • 等待同伴加入自己的活动 • 主动寻找玩伴
			第三阶段	• 喜欢与不同的人交朋友，主动寻找并建立人际关系
	互动表达	在与人互动中明确、具体地表达自己的想法和愿望，在活动中大胆表现	第一阶段	• 会对别人的意见或问题加以回应 • 愿意将自己的需要告知老师 • 在成人的鼓励下，在各类活动中大胆表达、表现
			第二阶段	• 可以自发引起一段对话，或延伸和别人的对话
			第三阶段	• 会与成人或同伴来回交换意见 • 根据所处的情境，灵活调整表达方式，清楚表达自己的想法 • 用多种表征方式表达自己的想法（口头、表征符号、肢体动作等）
探索	敢于尝试	主动接受和参与有挑战性的任务	第一阶段	• 愿意参加自己熟悉的活动，接受有把握完成的任务 • 愿意做自己能做的事情
			第二阶段	• 在成人的鼓励和引导下接受有挑战性的任务
			第三阶段	• 主动接受和参与有挑战性的任务 • 能向自己提出更高的挑战

（接上表）

基本维度	关键发展指标	指标含义说明	发展阶段	幼儿行为描述
	问题解决	遇到困难和问题时，主动尝试用多种办法解决	第一阶段	・出现问题时，寻求帮助或附和众人
			第二阶段	・遇到困难和问题时，有意愿自己想办法解决，但努力程度有限 ・有独立解决问题的意识 ・寻找事物之间的内在联系，进行探究，从中获得解决问题的线索
			第三阶段	・遇到困难和问题时，会开动脑筋，当一个方法行不通时，会再寻找各种新的办法 ・不怕失败，能持续地坚持探究 ・从成功中及时总结经验
合作	冲突解决	可以通过协商解决冲突	第一阶段	・遇到冲突时，寻求成人的帮助 ・接受成人或同伴的建议来解决冲突
			第二阶段	・遇到冲突后，先尝试提出解决的办法，再寻求成人的帮助
			第三阶段	・遇到冲突后，主动提出解决方法，并经过自主沟通协商，最终达成协议
	分工协作	和同伴一起游戏时能够相互配合、相互协作	第一阶段	・当有人邀请时，愿意合作，共同游戏或完成任务
			第二阶段	・愿意和同伴共同游戏，在与同伴合作的过程中配合默契
			第三阶段	・会制定游戏规则，组织、带领同伴一起游戏 ・在合作中胜任自己的角色（如组织者进行任务分工、跟随者接受并完成相应任务）。

《幼儿主动发展评价指标》成为发现进步的评价落实的重要工具，更是反思评价幼儿行

为表现的重要参照，教师有根有据地发现幼儿的进步过程，为每一个幼儿的小步递进、后续发展指明了方向，提升了园所对幼儿评价的信度与效度。

二、评价过程的多方参与

我们以幼儿、教师、家长三方共建为途径，建立幼儿个人成长档案。一方面，通过三方评价，拓宽信息收集的手段与途径，多领域、多视角地呈现幼儿发展过程，更完整、丰富地记录幼儿成长的全过程；另一方面，以"发现进步"为着眼点，发挥评价的激励作用，使幼儿在经历中持续进步，在进步中主动经历，从而在正向积极的循环中螺旋上升。

（一）激发幼儿的成长意识

科尔伯格的幼儿道德发展理论显示，学前阶段幼儿的道德发展处于前习俗水平，这一阶段的外部评价对于幼儿的道德发展起了决定性作用。成人对幼儿的评价往往影响着他们对自己、对他人的看法。在幼儿园一日生活中，幼儿时刻受到来自成人与同伴的评价，这些日常的评价潜移默化地影响着幼儿的自我评价，并进而影响幼儿的自我意识和个性的健康发展，因此，培养幼儿思考的能力、对自己做出判断和评价的能力，引导幼儿认识自己本来的样子，并不断努力获得进步和发展，是发现进步的评价的出发点与归宿。在师生共建成长档案的过程中，教师支持幼儿培养良好习惯和积极心理倾向，赋予幼儿更多的权利和机会，让幼儿越来越多地参与到自我评价中，逐步形成自我评价意识，发展自我评价能力，更充分地感受自己的活动和发展状态，更好地认识自己、接纳自己、激励自己。

1. 让幼儿成为建档的主人

幼儿是成长与发展的主人，对自己的成长档案负有主要责任。在这种观念的指导下，教师退到了幼儿的身后，在共建中扮演协助者、支持者，按照不同年龄段幼儿的发展特点，循序渐进地引导幼儿建立自己的成长档案。建档的第一步就是制订个人发展目标，教师引导幼儿认识自己，了解自己的优点和不足，并在此基础上寻找努力的方向，确立个人发展目标。在制订目标的过程中，教师与幼儿共同讨论，把抽象的目标具体化，让幼儿能清晰地感知与理解。

案例:从"我要做宇航员"到"我要管好我自己"①

孩子们长大了。升入中班后,我就和孩子一起制订专属于他们自己的学期计划,我问他们:"什么是计划?"孩子们说:"计划就是我想做的。""计划就是还没有做的。""计划就是要写下来的。""计划就是长大以后要干什么。"也有的孩子一脸茫然。

该怎么让孩子们理解制订学期计划的意义,并找到自己的努力方向呢? 我不禁问自己。正巧,班里正在开展儿童哲学的活动,我鼓励孩子认识自我,了解自己,学习一种自我问答的思路,如:"我会穿衣服了吗?""我可以学会吗?""学会穿衣服对我有什么好处?""我会为自己的进步感到开心吗?"在孩子们开始适应这样的提问和思考后,我尝试和他们讨论,引导他们从对话中找到自己。

我和3岁半的小汉堡讨论学期计划——

师:小汉堡,你的学期计划是什么?

小汉堡:我要做一名航天员!

师:那真的很棒! 做一名航天员需要非常优秀,要学会很多很多本领呢!

小汉堡:对的,没错!

师:现在你有些什么本领呢?

小汉堡:我会自己吃饭、睡觉,而且我很有礼貌。

师:你看你已经有这么多本领了,但是,想当一名航天员可不是这么简单的事情,要学会开宇宙飞船,要能控制这么多机器,要身体好……最最关键的是,要一切行动听指挥,你说是不是?

小汉堡:对的,没错! 要是自己乱动就会有危险了!

师:那你觉得如果长大要成为航天员,还要有哪些本领呢?

小汉堡:我要管好我自己!

师:什么是管好我自己?

小汉堡:就是站着的时候不能乱动,排队的时候就要排整齐,上课不要和其他小朋友说话。

师:我觉得你的学期计划的目标就可以是"管好我自己"呢!

小汉堡:好的!

---

① 该案例由上海市静安区南阳实验幼儿园薛至理老师提供。

小汉堡的情况并不是个案。说起发展计划时,孩子们容易代入长大后的职业愿望。我尊重小汉堡的想法(成为航天员),同时以他的需求(做航天员要有怎样的本领)为切入点慢慢引导,自己说出发展目标(管好自己),针对他较为薄弱的规则意识,达到了让孩子认识自己、争取进步的目的。

家长约谈,是我园教师惯用的家园共育方法之一,每学期,老师与家长预约,邀请家长来园,双方面对面地围绕幼儿的成长进行对话,共同寻找幼儿成长中存在的问题,分享幼儿成长的进步,随着课程理念的确立,教师们对这个惯例也有了新的思考和行动。

案例:一次"不一样"的家长约谈[①]

这学期的"家长约谈"工作即将开始。按照惯例我会和家长"双向"选择预约时段。班里一位平时不善言辞的小女孩双双,此时却一反常态、情绪不佳。在询问中,她欲言又止,而孩子的妈妈却反映孩子在家中情绪稳定并无异常。但直觉告诉我,双双一定有话要说,在她想说但不愿说的当下,我决定耐心等待,寻找转机……周五放学前的准备环节,我因为工作中的一些挫败表现出了失望情绪,她走过来拍拍我,轻声安慰道:"老师,别难过。"别看双双平时少言寡语,但她感受情绪、共情的能力却出乎我的意料,她的主动靠近,能否成为找出影响孩子最近情绪变化这个"关键事件"的契机?于是,我和双双开展了一次随机生成的"对话"。我说:"双双能用小眼睛发现老师的难过,还安慰我,老师真的很开心,我想抱抱你……这几天,我也发现双双不开心,是不是也和老师一样,遇到了什么不开心的事呢?"双双叹了一口气,看得出她经过了几天的纠结、等待,脸上露出一丝对我信任的小神情,轻声而坚定地说:"我不想让妈妈来约谈。"这个回答出乎我的意料:"为什么呀?"双双轻声说:"因为我不知道你们会说什么,有点担心。"原来是因为不知道老师会和妈妈在约谈中聊些什么而紧张。当孩子表达出自己的真实情绪后,我除了肯定、共情以外,更想为她提供一些引导性的帮助和建议。如何帮助她走出这种紧张的情绪?我有了一个大胆的设想,能否让孩子也参与到约谈中来,从以往的家长、老师的"双向"转变为孩子、家长和老师的"三方"约谈,让孩子真正参与到"约谈"过程中,也让"约谈"成为孩子成长过程中激发成长意识的一个"窗口"。于是,餐后聊天时

[①] 该案例由上海市静安区南阳实验幼儿园应佩琳老师提供。

我问双双："你想不想和妈妈、老师一起约谈?"双双有些犹豫,但却在短暂思考后果断地回答:"好。""那如果让你一起来约谈,你想让老师和妈妈聊些什么事呢?"双双想了想:"我画画好,我想画画给妈妈看。""好呀!"于是我提供了纸笔让双双把想要约谈时给妈妈看的内容用画画的方式进行了简单的记录,只见她画了一个小女孩和她在一起的样子:"这是我的好朋友佳颖,我在幼儿园总是和她一起学本领,很开心!"别看孩子小,但她们有自己的世界和想法。那其他孩子呢?是否也想在约谈中和爸爸妈妈一起分享自己进步的点滴呢?于是,本着平等、尊重、接纳的态度,我和班级里愿意参与家长约谈的十多名孩子进行了一次次看似"日常"的对话,并用小纸条及时记录下他们的想法:小添说:"我想给妈妈看看我运动中的照片,我运动不比男孩子差。"羽然说:"我想让爸爸妈妈听听我中午和小朋友讲新闻的录音。"飞飞、来来这对双胞胎姐妹说:"我们都想自己和妈妈当面说说话,她平时工作太忙了没时间。"……

这时我惊喜地看到了平时"看不到"的孩子们,原来在他们的内心世界藏着如此宝贵的想法。聊天后,围绕"你想和爸爸妈妈在约谈中聊些什么"这个话题,我梳理了班级中想要和家长一起约谈的孩子的想法:一方面,将约谈内容分为"社会交往""学习习惯""运动"三个板块;另一方面,根据孩子的学习方式、多元智能的差异性,鼓励孩子通过绘画表征记录、语言表达、照片记录、现场"对话"四种形式,参与到和爸爸妈妈、老师的"三方"约谈中。

经过约谈前的共同准备,双双当天参与到了和妈妈、老师的约谈中,和妈妈、老师一起分享了自己和好朋友共同进步的点滴,虽然话还不是很多,但表达得很真实。约谈中,双双也听到了妈妈、老师对她进步的肯定和评价,在轻松的氛围中,双双更放得开、更自信了,体验到了成长的进步,收获了进步的快乐。约谈后的双双有了很多变化:在幼儿园和小朋友、老师的相处过程中显得更轻松了,学本领回答问题的时候声音更响亮了,更愿意举手表达自己的想法了,在小朋友遇到困难的时候,更主动提供帮助了,"让我来帮帮你吧"这样的话我更多地听到从双双的口中主动说出来了……

在约谈后,很多家长给予了我积极肯定的反馈,"很喜欢这样的约谈形式,希望老师继续推行""我家孩子不紧张了,这种约谈方式第一次尝试,孩子自信了,我们家长更放心了""老师根据约谈小朋友的个性需求制订了个性化约谈,我家孩子在运动方面特别需要关注,欣赏这样的对个性化的关注"……

一次"不一样"的约谈是我对于以往"惯例约谈"的反思与突破,经历不一定是成功的,但经历一定是对成长有帮助的,我将继续和孩子一起成长……

从教师和家长的"双向"对话,到幼儿、教师、家长的"三方"对话,转变的背后体现了"让每一个孩子经历自己的学习过程"的课程理念。教师尊重幼儿作为发展主体的"知情权"和"参与权",并以此为契机,让个人成长档案发挥呈现进步、积极评价的作用,让幼儿在建档的过程中主动分享自己的进步,并为自己的进步而感到自豪。

2. 让幼儿看见自己的进步

进步的过程有时是可见、可测的,有时是潜移默化的,很难用量化的方式来评价的,有时是抽象的,难以用语言来概括的。具体形象性是3—6岁幼儿的思维特点,对于他们来说,发现进步最直观的方式,就是"让进步看得见"。我们支持幼儿运用绘画、符号、照片、视频、音频等多种手段,留下自己经历的轨迹,让每一分努力、每一点进步都能被看到,引导幼儿感知自己的进步和变化。

案例:我今天表现好吗?[①]

又到了孩子们给"成长小车厢"贴五角星的时候了,诺诺走了过来问道:"老师,我今天表现好吗?"我反问他:"你觉得呢?"没有得到肯定答复的他低着头:"我不记得有没有做什么好(有进步的)事情,所以我也不知道能不能贴五角星。"看到他垂头丧气的样子,一旁的萱萱插嘴道:"你有的呀,你前两天不是吃炒饭吃了第一名,老师还表扬过的。"经过朋友的提醒,诺诺想了起来:"对的对的,我想起来了! 那我去贴了!"看到诺诺恍然大悟的样子,我忍不住说:"你自己的进步你要想办法记住的呀! 要是萱萱也不记得,你不就不能贴五角星了嘛!"他憨憨一笑,说:"知道啦! 我下次记住!"

可是,没过几天,诺诺又来问我:"老师,我今天表现好吗?"我哭笑不得地问他:"你觉得呢?"他又弱弱地给出了和上次一样的答案:"我不记得了……"面对接连两次的重复对话,我不禁想:为什么诺诺在评价自己时总是有些迷茫和不自信? 其他孩子会遇到这样的情况吗?

于是我邀请孩子们一起坐下来聊一聊,看看他们能否真的说清楚"获得五角星的原

[①] 该案例由上海市静安区南阳实验幼儿园初鑫樱老师提供。

因"（也就是"自己的进步"）。通过简单的谈话，我发现对于中班的孩子来说，要单纯通过记忆总结自己的进步真的很具有挑战性，那些求胜心较强的孩子对自己的进步会非常敏感，所以他们能快速、肯定地对自己进行评价，而对于那些求胜心并没有那么强，大大咧咧的孩子来说，要从自身出发去发现并且记住自己的进步并不是件容易的事情。顺着话题，我继续问道："既然好多小朋友都说自己会记不住，那么有没有什么办法可以帮你们记住呢？"有个孩子提议道："要么记一下！就和之前记录小目标差不多，把想的东西都画在纸上，到时候去看就行了！"对于同伴的提议，孩子们纷纷表示赞同。

经过孩子们的共同努力，墙面环境"我的成长日记"正式升级：记录形式从原本同目标的几个孩子记一本日记拓展成每个孩子都有一本属于自己的日记；记录内容从记录达成小目标过程中的问题与方法转变成记录一日生活中的点滴进步。除此之外，我们还在原本的"工具台"上增加了一个小小的积木日历，帮助他们更方便地了解日期从而有序记录。

孩子们开始尝试着按照自己的想法"写日记"。日记上的内容五花八门，既有趣又有意义："我和×××成为了好朋友。""我昨天和今天吃饭都很快，老师表扬了我，给我比心。""我拍皮球拍了100个。""我天天给植物浇水，所以它发芽了。"写日记渐渐成为了孩子们生活中的一部分。

最近没有孩子来问我那个"老问题"，我倒真有些不习惯了。于是，今天趁着孩子们写日记的时候，我决定主动出击，出击对象则选择了诺诺。我问诺诺："你最近表现好吗？"他没有抬头，说："不错呀，我都记下来了！等我画完再告诉你！"我不禁莞尔一笑："小家伙，还挺有个性的！"过了一会儿，他拿着自己的日记跑过来，说："我最近做了四件好事！第一件事是我和若若成为了好朋友。第二件事情是我最近吃饭有点进步，不是倒数第一名了。第三件事情是那天玩占地盘的游戏，我很动脑筋，所以我们队伍就赢了。最后就是我最近没有和萱萱吵架，玩得很开心。"看着他神采奕奕又滔滔不绝的样子，我心里很是惊喜。一个多月前还犹豫不决，需要老师帮助评价的小男孩如今截然不同了，他已经能够自己发现自己的进步，并且坚定地认可自己，成为了有能力进行自我评价的孩子。

关于"进步"的评价不是教师的一言堂，也不是幼儿们的糊涂账，对于幼儿来说，进步是非常抽象的概念，要清楚地认识到自己的长处和进步是很有挑战性的。"记日记"不失为一个好办法,在记一记日记、聊一聊日记的过程中,幼儿能清晰地发现自己的进步,对进步的评价也变得更加有理有据了。

案例:宅家的闪亮时光[①]

在居家的日子里,我和孩子们成为了"微信好友",通过日常聊天,维系着师生间、家园间的情感。乐乐是个开朗好动的孩子,爸爸妈妈反映,乐乐一个人在家,因为没有小伙伴和他一起玩,情绪非常低落。于是,我主动分享了自己生活中的小快乐来感染他,我说:"乐乐,你猜猜我有什么开心的事呀?"乐乐:"你一定是搭了什么好玩的积木,对不对?"我说:"哈哈,猜错咯,是我家里的小花开啦!"乐乐隔着屏幕感受到了我开心的情绪,我发了小花的照片给他看,还拿出了我的种植记录向他介绍小花的成长过程,谁料就这么一看,仿佛打开了乐乐新的思路,他知道了在家除了搭积木以外,还可以做各种事情,并受到了我的启发,记录起了在家的生活点滴。

一天,乐乐跟我说,他每天都在家练习跳绳,我想推动乐乐发现自己的进步,接着问道:"你每天跳的数量一样吗?"乐乐说:"好像不一样,我现在比以前跳得多了。"我高兴地说:"看来坚持练习就会有进步哦!"乐乐回答道:"杨老师,我现在就要去跳绳,看看今天有没有进步!"经过了一段时间的引导和鼓励,我们聊天的内容渐渐从"在家做了什么"转变为"有了什么进步",我也萌生了一个想法,在线上直播间里给他开个专场,让乐乐把在家丰富多彩的活动分享给其他孩子。乐乐爱上了"开心直播间",经常和其他孩子们分享宅家生活中的点滴进步:"我跳绳进步了,原来只能跳20个,现在能跳56个了;我学会了一个新本领,用两个空水瓶和绳子做双节棍;我为白衣天使、志愿者大白们点赞;我会自己检测抗原,还请妈妈帮忙制作了一个在家做抗原检测的视频分享给有需要的小朋友们。"从他的话语中,我感受到,乐乐的宅家生活越来越丰富了,他正在为自己的成长进步而高兴,比以往更自信、更自主了。

生活即教育,教育的契机就在生活中,教师以情感互动为纽带,逐步引导幼儿发现自己的进步,并跨越时空的阻隔,为幼儿搭建分享快乐和进步的舞台,将幼儿平凡生活中的点点滴滴,幻化成了宅家的闪亮时光。

[①] 该案例由上海市静安区南阳实验幼儿园杨爱琳老师提供。

（二）家园合力发现进步

"让每一个孩子经历自己的学习过程"课程理念是幼儿园课程组织实施的行动纲领，也是家园共育的目标，引导家长尊重幼儿的发展特点，在每一个寻常时刻中发现他们的成长和进步，是三方共建幼儿成长档案的关键所在。为了让越来越多的家长与幼儿园达成共识，成为课程理念的追随者，在家庭中助力幼儿的主动发展，我们向家长宣传课程理念、分享教师的教育教学和评价的实践与感悟，并帮助家长在家庭的日常生活中去观察、分析和评价幼儿的行为与发展，教师与家长展开对话，家园合力，共同期待成长、发现进步。

1. 建立家园间的共情

美国心理学家蒂奇纳最早使用了"同理心"一词，意为设身处地地为他人着想，体会他人的情感，理解他人的想法。同理心是家庭与幼儿园、家长与教师之间建立联结的重要方式，也是家园共情的基础。教师以诚挚的善意和家长在一起，感受着家长的感受，并相互尊重、彼此理解，建立家园间的共情。

> **案例：种子大力士**[①]
>
> 进入四月，春暖花开，鸟语花香，那么好的春光，怎能不把"自然角"搬进我们的教室呢？于是，一年一度的"发豆芽""种萝卜"帷幕就这样拉开……
>
> "你知道这是什么植物吗？""哎，我不知道哎，种子还在泥土里，还没发芽呢！""是呀！发芽了还要等很久才会开花呢！""这是谁种的呀？我们去问问他好了。""不知道呢！这盆没有写名字，那盆写了但是我也不认识字……"显然，孩子们发现了问题——每盆植物需要有个主人！如何显示植物的主人呢？在大家七嘴八舌的讨论中，孩子们认为贴上照片最合适，而且不仅要有照片，还要知道这是什么植物，以后会长成什么样子。于是我们给每个小主人拍摄了照片，请他们举着"山药""胡萝卜""绿豆""空心菜"……"种子大力士"守护在植物旁边，有了这样一块人形小立牌，孩子们又陆续带来了各式各样的蔬菜和花种，每天给植物浇水、照护，大家都变得更有责任感了。
>
> 婉珺是一个默默无闻的女孩子，说话声音总是轻声细语的，她种植的是一盆牵牛花。牵牛花在婉珺的精心照料下，很快就长出了好几片嫩叶。临近周末，孩子们纷纷提

[①] 该案例由上海市静安区南阳实验幼儿园江苑旳老师提供。

出要把植物带回家照顾,可婉珺却说:"我不想带回家……"在做离园准备时,我发现她给牵牛花浇了点水,离开教室时,还回头看了看牵牛花。于是我建议:"如果你想带牵牛花回家,我可以帮你装一个袋子拎回去。"婉珺犹豫了一下,摇摇头……平时这么有责任感的孩子,为什么不愿意带植物回家呢?我主动联系婉珺妈妈:"婉珺的牵牛花最近长得很好,周五教室需要开启紫外线消毒,婉君不想把牵牛花带回去,我们把它放到厕所里了,那里湿度高一些,牵牛花应该可以安然度过周末,请婉珺放心哦!"过了很久,婉珺妈妈才回复:"不好意思老师,周末婉珺都回外婆家住,老人对婉珺生活方面照料得多,其他一概不管,婉珺蛮懂事的,她把牵牛花留在幼儿园,可能是不想再给外婆添麻烦吧。""周末都加班一定很累吧,有空的时候还是要多和婉珺聊聊,她是个心思很细腻的孩子,有很多的想法都藏在心里,嘴上说不,内心其实很想把牵牛花带回家照顾的。""好的老师,我和婉珺外婆好好聊聊,多鼓励支持她。"果不其然,在劳动节放假前,婉珺主动要求:"今天我要把牵牛花带回去的哦!要放假五天呢,它不能留在幼儿园,叶子会发黄的,外婆说了会帮我一起照顾的。"我会心一笑,这一次,婉珺真正成为了"种子大力士"!

我们常常说,要培养孩子的自主感、责任感,那么在日常生活中,就要将更多的选择权、决定权交给幼儿,让他们朝着独立自主的方向去努力,敏锐地意识到他们付出的努力,并表示尊重的态度,用理解的眼光去对待他们,当他们有需要时也时刻准备给予支持。看着婉珺带牵牛花回家时的快乐和满足,我由衷地为她高兴,也感谢妈妈、外婆对此给予的帮助和支持。我们也常常说,沟通要有同理心,当教师站在家长立场去看待问题,了解家长处境,会让家长体验到被理解、被尊重、被支持的温暖,我的真诚和理解,让婉珺妈妈敞开心扉,与教师携手一起助力孩子的成长。

孩子在家园一次次的支持中丰富成长经历,教师和家长心心相印,协同努力,才能发挥出更大的教育作用。教师既要了解幼儿的内心,给予幼儿选择权,支持幼儿的决定,让幼儿感受到被尊重、被理解、被支持,同时,也要站在家长立场去看待问题,了解家长的处境,让家长体验到被尊重、被理解、被支持,从而敞开心扉,与教师携手一起助力幼儿的成长。在潜移默化中,教师传递着幼儿园的课程理念,引导家长看到幼儿的需要和过程中的努力,家园合力,支持幼儿在成长中经历,在经历中成长。

2. 加强家园间的互通

家园之间的沟通是一门学问,在家园互动中,教师往往会告诉家长自己认为重要的事,说自己想说的话,而忽略了家长认为重要的事、想听的话,这样会导致双方的信息不对称,从而影响沟通的效果。为了进一步增强家园共育,教师需要承担起互动的主要责任,学习换位思考,了解家长的需求,让双方的沟通更顺畅,赢得家长对幼儿园教育的理解和支持。

案例:当进步被看见[①]

家长会结束后,小玉米的外婆突然提问:"小玉米在午餐的时候是不是总是哭?"

听到外婆这么问,我感到非常诧异,虽然进餐的确是小玉米的软肋,但在采取有效的措施后,小玉米的进餐情绪波动问题早就解决了。时隔多月后,外婆为何会旧事重提?我意识到:老师认为小玉米午餐情绪波动是"小问题",在家长们的心里却是个"大问题"。小玉米目前在园的良好适应状态,家长们却并不了解,为解决家园之间信息沟通不及时的问题,我展开了更为细致的家园沟通工作,向家长还原真实的、全面的幼儿园生活,呈现小玉米的点滴进步。

① 直击午餐现场

在家长会次日,我拿起了相机记录下了小玉米情绪愉快地进餐场景,用照片定格下她自主地一口接一口吃饭的片段。

放学后,我和小玉米妈妈分享她的进步,并达成了共识:对于小玉米吃饭问题不必过于焦虑,千万不要反复去问小玉米,造成她的心理负担。小玉米正在自己的成长轨迹中不断进步着,我们成人只需在必要的时刻给予支持,顺其自然就好。

② 遇到困难不害怕

运动时间,小玉米忽然有些想妈妈了,哭哭啼啼地来到了我的身边求安慰。多多虫拉起了小玉米的手说:"小玉米,我们一起玩好吗?"就这样,小玉米和同伴一起玩起了滑梯,没过一会儿,又自个儿跑去玩起了她最喜欢的摸高跳,一边跳一边大声地对我说:"王老师,你看!"

我将这有爱的一幕通过电子成长册分享给了小玉米家长。妈妈回复:"小一班真是

[①] 该案例由上海市静安区南阳实验幼儿园王妙怡老师提供。

一个温暖的大家庭,太有爱了。"通过这次沟通,家园再次达成了共识:幼儿园是幼儿学习生活交往的场域,这里有爱她的老师和关心她的同伴,在这里小玉米每一次遇到问题、解决问题的过程,都是一次成长的经历,成人需要做的是陪伴——陪伴着孩子共同成长。

③ 能干的小玉米

户外运动时,当大部分小朋友对拍皮球表现出畏难情绪时,小玉米却起劲地练习着,还让老师看她的本领;个别化学习中,小玉米在玩"大象叠叠乐"时,一会儿将大象玩具按照大小两两组合,一会儿将大象按照从大到小的顺序叠了起来,一会儿尝试着按照ABAB模式把大象排队……小玉米探索着多种玩法,玩得不亦乐乎;自由活动中,小玉米和两位好朋友一起玩起了雪花片,小沐儿将雪花片搭成了小兔子蹦床,胖妹将雪花片搭成了小蜜蜂蹦床,小玉米将雪花片搭建成了白天玩过的小花蹦床,三个孩子互相交流着;喝完牛奶时,小玉米发现小禾找不到自己的照片,就主动上前帮忙寻找,还询问小禾:"我帮你贴好吗?"正像当时自己遇到困难时,多多帮助她一样,小玉米把同伴间的关爱传递给了更多的同伴……当小玉米妈妈看到这些照片时直呼:"真棒!"

在与小玉米家长的互动中,我发现,妈妈和外婆给予的回应不再像一开始那样"欲言又止""喋喋不休",而是越来越"干脆"了,这或许就是当幼儿的进步被看见,当家园之间的信任持续加深后触发的互相信任、互相尊重的理想状态吧。在小玉米的每一个闪光点中,她也不再是家长一开始认为的"各方面能力比较弱"的小娃娃,而是成为了散发着能量的、勇敢能干的小女生。

幼儿成长档案在家园之间架起了互通的桥梁,教师聚焦幼儿的主动发展,记录着一日生活中的小片段,并持续地与家长分享,当每一个细小的点滴汇聚在一起时,就有了幼儿由量变到质变的成长和进步,让家长感受到了教师在幼儿发展背后的辛勤付出,以及百分百的信任与支持,成为了幼儿成长的见证者。

3. 达成家园间的共识

越是负责任的家长,越会对幼儿产生高期待,并因高期待产生高要求,他们总希望孩子"一天一个样,三天大变样",希望孩子听话,能朝着自己的期待成长,殊不知幼儿的发展有年龄阶段固有的特点和规律,幼儿也有自己的想法和愿望。当结果不如人意的时候,家长就会产生负面的情绪,把焦虑带给孩子,批评和指责除了引发家庭矛盾以外,毫无裨益,更不利于幼儿的身心健康。教师要发挥协调作用,耐心地引导家长回归平常心,在家园协同的努力下,激发幼儿学习的内驱力。

案例:我的作息我做主[①]

2022年3月疫情再次来袭,孩子们又一次停课居家了,结合大班主题"我要上小学"的活动目标,我们鼓励孩子自主规划"一日作息",为即将到来的小学生活作准备。就在制订作息安排的过程中,我收到了涵涵的"语音投诉":"张老师,你给我评评理,我妈妈给我设计了一张计划表,我每天要做很多事情,看书、认字、读拼音、做计算题、讲故事……玩的时间很少很少。"这时,涵涵妈妈插话了:"张老师,是这样的,我和她说你马上就要成为小学生了,小学生每天的课表就是一节课接着一节课,中间就只有十分钟休息的时间。"涵涵急忙说道:"除了学习就是学习,一点儿玩的时间也没有。"听清事情的来龙去脉之后,我建议道:"那你自己设计一个作息表,好吗?"涵涵高兴地答应了。事后,我立刻和涵涵妈妈进行了电话沟通:"涵涵妈妈,你给她安排的课程式作息表,她可能挺抵触的。"涵涵妈妈无奈地说:"是的,她觉得我给她安排的学习内容太多了,但是这些又都是她需要做的,她其实就是玩心很重。"我接着她的话说:"学龄前的孩子和小学生在各方面还是有一些区别的,比如时间管理、自我管理(自律)等,所以我们更需要在这个时期把幼儿园和小学的生活衔接起来,涵涵挺有主见的,我们还是要循序渐进,尊重孩子的想法。"涵涵妈妈说:"张老师,你说得对,但是我不太敢放手,你给她太多的自由她就'喇叭腔'了。"涵涵妈妈是一名小学教师,对孩子的要求很严格,我能理解她的坚持,但还是想为涵涵争取一下:"那我们先把要求放一放,让她自己试着来安排,看看过程中会出现哪些问题,她又会怎么解决?"涵涵妈妈最终让步,同意了我的建议。

第二天,涵涵就给我发来了自己制订的作息安排表:"张老师,我今天把我做的所有事情都记录下来了。"我一看,她把所有做过的事情用写日记的方式记录了下来,挺有意思的。我问她:"今天你是把所有做过的事情像写日记一样都记录下来了,那这样的记录方式你觉得怎么样?"涵涵说:"我就是做好一件事情记录一件事情,如果每天都要这么记录一遍,挺累的。"我附和道:"我也觉得挺累的,因为会有很多事情是重复的。"涵涵

---

① 该案例由上海市静安区南阳实验幼儿园张佳钰老师提供。

说:"妈妈今天和我分享了,这种方式叫记录。作息表其实是在做事之前的计划。"显然,在涵涵自己发现了问题之后,更乐意听取妈妈的意见了。我顺水推舟道:"妈妈说得有道理,所以你觉得需不需要像妈妈那样设计一张一日作息表呢?"涵涵回答:"我觉得是需要的,那我就把每天要做的事情都设计在一张作息表上。"我和涵涵妈妈进行了及时的沟通:"其实今天她已经发现了一日作息表会比日记式的记录更有效,不管她的一日作息中包含什么内容,我们都能从她今天思想的转变中发现她的进步。"涵涵妈妈回复:"的确,今天我和她说作息表是做事之前要做的计划,她也能欣然接受了。"

第三天,涵涵给我发来了调整后的作息表:"张老师,新的作息表我已经计划好了,我每个小时安排一件事情,我觉得很舒服。"我感受到了她的开心:"每天的生活能让自己舒服也挺重要的。那你试下来,有没有发现什么问题?"涵涵答:"我的作息表上晚上6点就睡觉了,妈妈提示我这个时间睡觉不太合理。"正在此时,涵涵妈妈突然给我发了信息:"张老师,你仔细看看,这个作息表里都是玩,没有学习。"我回复:"您别着急,先让她按自己制订的作息表实行,等她的时间管理和执行力出现明显问题的时候,我们再用适合的方法给予指导和帮助。"涵涵妈妈进步了,不再坚持以家长的身份来要求孩子改变计划,而是私下和我沟通,寻求我的支持,我也安抚她,让她不要着急,走一步看一步。

几天后,我又收到了再次调整的作息表,我问涵涵:"作息表怎么又修改了,是不是遇到了什么问题呀?"涵涵答:"之前的作息表里基本都是玩的时间,功课也没有时间做,画画也没有时间画,该要做的事情都没有完成。"我笑着说:"所以要试验了以后才知道怎么安排更合适、更合理,发现了问题,就马上调整,你真棒!"涵涵说:"妈妈也表扬我了,说我进步了。"妈妈的等待终于有了结果,在亲历的过程中,涵涵也发现了作息中不合理的安排,并乐于主动调整,我对涵涵说:"作息表是可以不断发生变化的,这个作息表你好好利用起来,等发现新的问题之后,还可以再调整,以后成为小学生了,还会有一周的学习安排表呢。"

我主动发信息给涵涵妈妈,肯定她的不急不躁和正面鼓励,她说:"张老师,真的非常感谢你传递给我的育儿理念,让我知道了当孩子和我的认知发生矛盾冲突的时候,不应该把要求强加给她,而是让她在尝试中自己去发现问题,我在这个事情里也发现了她其实是在慢慢进步的,遇到问题后能主动想办法解决,能心平气和地与他人沟通,能独立完成一件事。"

当涵涵和妈妈因"作息表"发生分歧时,都第一时间选择了与我沟通,涵涵妈妈对于作息表的理解是小学化的,而颇有主见的涵涵无法接受。我通过对话让涵涵妈妈将关注的角度从"作息表的模式"切换到"独立制订作息表"上,给予孩子自主权,并鼓励她在遇到问题后进行调整,提供有效的科学育儿路径:放手让孩子自己完成—仔细观察孩子在整个事件中的行为—分析孩子行为发生变化的原因—发现孩子行为调整后的进步。这个圆满的结局,让我感受到了鼓舞,学会尊重孩子、欣赏孩子、相信孩子,我们都获得了成长和进步。

当亲子间发生矛盾冲突时,家长往往会用强权来压抑或阻止孩子的行为,在赢了孩子的同时,也失去了孩子的信任,破坏了和谐的亲子关系。这个时候,教师应传递正面的、科学的育儿理念,引导家长切换关注事物的角度,帮助他们在家庭日常生活中逐步学会观察、分析和评价孩子的行为和发展,通过家园合力共同期待和发现孩子成长中的点滴进步。每一个家长都有自己的教育期待,具体而言,就是想让孩子成长为怎样的人,希望他在每个年龄阶段获得相应的发展,对此,我们给予充分的尊重和理解,并从客观的角度给予引导和建议,通过耐心、细致的家园互动,传递信任、期盼的力量,让家长看见真实的孩子,调整教育期待。

第三节 发现进步的支持策略

作为幼儿经历中的重要他人,教师承担着引导、伴随等多重任务,深入开展一日活动自然情境下的面向每一个孩子的观察,以宽容的心态、发展的眼光来看待幼儿,在他们需要帮助的时候给予扶持,在他们气馁的时候给予鼓励,发现幼儿一点一滴的进步,并在适当的时候推动着他们往前走,发挥幼儿内在的发展潜能,让他们更加主动地投入自己的学习过程。

一、用心捕捉，发现进步

在群体中，每一个幼儿都是独特的学习个体，教师要认识到，幼儿的发展既具有发展阶段的普遍性，也具有个体的个别性，相信每一个幼儿都是有发展潜能的学习者，包容他们的起点，给予更细致的关注和更多的耐心，始终保有积极的期待，支持他们成长和进步。每一个幼儿经历的学习过程都是独一无二的，在日常的活动中，教师运用个案记录的方法，对幼儿的发展进行持续的观察记录，用心捕捉每一个幼儿的进步，持续且更全面地了解幼儿的发展进程。

案例：阿臻的工作计划[①]

出生在8月末的阿臻是我班的老幺，个头小小、声音小小的她，一直被班里的孩子视为小妹妹照顾着，样样事情都跟在别人后面也成了她在园参与活动的常态。

进入大班，阿臻有了进步，在蒙氏工作中，她不再总是跟随教师或同伴，而是能自主选择新工作并坚持完成。一天早晨，我发现，阿臻今天独立完成了4份工作，但却始终没有在计划纸上留下任何记录。活动后的回忆分享中，大家交流了各自的计划记录内容。荔枝说："我用数字1、2、3、4、5表示星期一、星期二……星期五。今天星期一，我就把我想做的工作画在1的下面。"桐桐说："我用红色表示生活区的工作，用蓝色表示数学区的工作，用粉色表示感官区的工作，用绿色表示语文区的工作，文化区则用黄色表示。"小宝说："我画了很多方块，一个方块就是一份工作，我完成一个就在这个方块里面打个钩。"而阿臻却垂着小脑袋，默默地把自己的计划纸团起来藏在了身后。

眼看着之前那个积极主动、勇敢尝试的阿臻，因为计划纸的一片空白而动摇，甚至可能否定自己就此放弃。教师意识到，阿臻可能不知道要计划什么，也可能不知道该怎么记录。

当下，首先要让阿臻恢复自信，继续保持积极的行动力。我决定给予诚恳、正向的反馈，让阿臻感受到自己的努力被看见、被认可。于是，在分享活动的最后，我和孩子们分享自己的发现："今天很多朋友在工作中试着用计划纸进行记录。老师看到很多朋友用自己的好方法记录计划，很会动脑筋，真不错！但也有朋友还没想到记录的好方法，

[①] 该案例由上海市静安区南阳实验幼儿园徐颖老师提供。

计划纸上空空的,没关系,能勇敢地选择使用计划纸进行工作,就很棒!愿意大胆地试一试就已经成功一半了,虽然还不知道怎么在纸上计划记录,但相信如果你坚持下去,一定会越来越顺利的。"

阿臻听完我的话之后,小眼睛又亮起来了,露出了笑容。

在后续的蒙氏工作中,我一直默默观察阿臻,发现她每天都坚持运用计划纸进行计划工作,真棒!我一方面,分享交流工作计划纸,请同伴们介绍计划记录经验,提高阿臻运用简单的数字、几何图形、颜色等符号记录表征的能力;另一方面,在蒙氏工作过程中,密切关注阿臻的工作计划,如:阿臻开始在计划纸上用方块、圆圈表示她想做的工作;阿臻开始用数字表示星期几;阿臻开始用不同的符号表示五大领域的工作……在阿臻工作计划记录每一次改变和进步时,我都会第一时间给予肯定,推动她进一步积极地行动。

经过两个多月的尝试,阿臻能像班里其他孩子一样,在每天工作开始前找出自己的计划纸,观察、思考、计划,然后工作。在不断自主计划的过程中,阿臻计划的符号越来越丰富、清晰,计划的效率越来越高。工作中,盲目游荡、旁观他人工作、跟随同伴的情况越来越少,取而代之的是有意识地根据自己的计划进行工作,邀请老师或同伴观看她感兴趣的新工作,更加专注于自己的工作内容,自我计划、自我评价的能力都在不断提高。

在温馨友爱的环境中,教师不再是严厉的规则执行者。幼儿能够根据自己的想法去判断、去选择,感受到被尊重、被包容,在接受挑战和挫折时,更加主动毫不畏惧。每一个幼儿都能从自己原有的起点努力前进,教师对幼儿及时正面的反馈,激发了幼儿的内在动力,在给予幼儿必要支持的同时,用心捕捉幼儿的每一次改变,善于发现幼儿的每一次进步,及时肯定、鼓励,让幼儿从他人的反馈中逐渐感知自己,树立"我可以""我能行"的自信。

二、善用鼓励,激发进步

成人往往会运用表扬的方法来夸赞幼儿,我们认为,在评价中要多多鼓励,慎用表扬。

表扬是对幼儿行为的结果做出的正向反馈,在表扬中,教师是施予者,幼儿是接受者,双方的地位是不平等的。当幼儿习惯于接受他人的表扬时,就容易因在乎结果的不完美而害怕失败、不敢尝试挑战;而鼓励是指向发展的启发和激励,关注的是幼儿行为的过程。在学习过程中,幼儿会遇到困难、失败和挫折,并产生紧张、无奈和自卑等负面情绪,在这个时候,教师要敏感地觉知并给予及时的激励性评价,让幼儿产生努力尝试和坚持不放弃的内在动力。鼓励是教师经常运用的激励性评价方式之一,教师要善于运用鼓励的方式,对幼儿的行为做出具体的、积极的反馈,让幼儿明白自己哪些地方进步了,感受到教师的真诚与爱,从而树立自信,萌发向善向好的愿望,进入积极努力向上的良性循环。

案例:嘴上说不要的理由[1]

一天早上,妈妈发消息告诉我,静静吵着闹着说不要来幼儿园,我有点纳闷,她为什么突然不愿意上幼儿园了呢? 通过几天的观察,我发现,原来静静是在运动中遇到了困难。在走贝壳路时,她每次都是一只脚踩贝壳路另一只脚踩在空地上,而且走得非常慢,走在她后面的孩子总会急着说"你快走呀!""老师,她不走"。同伴的催促打击了她的积极性,直接导致了静静不愿来幼儿园。在了解了原因后,我继续耐心地观察并寻找适合的时机与她互动。这天,孩子们又来到户外运动了,有的在骑车,有的在玩滑梯,只见静静一个人站在贝壳路旁边,想玩但又不敢玩。我走到静静身旁耐心地询问:"静静,你是想走走贝壳路吗?"静静点了点头但还是待在原地一动不动,我笑着对她说:"那我们去试一试吧。"静静胆怯地说:"我,我不会,我害怕。""马老师发现你昨天也走过贝壳路的,虽然走得慢,但是你很勇敢哦,今天马老师陪着你再来试一试走一走,好吗?"静静听我这么一说,就鼓起了勇气:"好的。"我对她说:"静静,我们来试试,两只脚都踩在贝壳上。"静静尝试了一下,但左脚踩上去后,右脚还没踩稳就滑了下来,我及时抱住了她:"加油,我扶着你,再试一试。"我一边扶着静静,一边鼓励她将两只脚都踩在贝壳上,在我的搀扶下,她虽然还有点摇晃但能够双脚站在贝壳上了。"哇,静静可以两只脚都站在贝壳上啦! 来,一只脚往前走一小步踩在前面的那个贝壳上。"我继续鼓励着她。慢慢地,静静和我一起顺利走过了贝壳路,走到终点的那一刻,我看到静静脸上露出了

---

[1] 该案例由上海市静安区南阳实验幼儿园马婧婕老师提供。

开心的笑容:"我还要玩一次!""可以呀,我们一起再走一次吧。"这一次我轻轻地握住她的小手,并对她说:"静静,我在一旁保护你,当你需要搀扶的时候就握紧我的手。"静静摇摇晃晃地走上了贝壳路,她的小手时不时地松开,又时不时地握住我,又一次摇摇晃晃地走到了终点。"静静,老师发现你这一次的速度比前面一次还要快,而且这次你都没有完全扶着我的手,你真棒!"静静也激动地说:"贝壳路真好玩!"通过陪伴和鼓励,静静感受到了来自我的支持与信任,努力尝试,从不会到会,战胜了内心的恐惧。

案例中的马老师对静静的畏难情绪给予理解和尊重,在陪伴静静走贝壳路的过程中担任观察者,对静静在尝试中获得的点滴进步进行具体的描述,以欣赏的口吻表达了自己的感受,并通过信任和引导,帮助静静迈出一小步,克服了心理恐惧,学会了新本领。幼儿需要鼓励,就像植物需要水。鼓励进步,而不是和别人比较谁更优秀。教师利用日常生活中的契机,以欣赏的口吻、真诚的内心感受和具体的赞赏,激发幼儿的内在动机,赋予幼儿力量,支持幼儿发展,让他们更勇敢地面对成长过程中的困难。

三、班级文化,分享进步

幼儿阶段是自我意识发展的关键期,幼儿的自我评价意识经历着从无到有、从被动到主动的发展阶段,在与成人的互动中,幼儿接收着来自他人对自己的各种评价,在模仿中学习、构建对是与非、对与错、好与坏等各种观念的认知,并在潜移默化的影响中,尝试评价自己、评价他人,形成初步的价值判断。因此,发现进步不仅仅是教师的责任,更是班级里每一位成员的责任,教师一方面要有意识地通过积极、正面的评价,帮助幼儿形成积极的自我评价;另一方面要通过正确的示范,让幼儿运用鼓励和赞美来评价同伴,营造"分享进步"的班级文化,让"发现进步"成为弥漫在校园中的氛围,从而丰富幼儿的情感,发展幼儿积极的自我,形成良好的个性。

(一)看见别人的进步

我们希望幼儿成为有主见、有想法、有进取心的人,但这种成长不能以打压、贬低他人为代价,未来的社会虽然充满了竞争,但这种竞争不是尔虞我诈的恶性竞争,而是共赢互利的良性竞争,一个能看见别人的优点、进步的人,更能建立良好的人际关系,赢得他人的尊重、信任和支持。教师通过鼓励、分享等方式引发生生互动,使得幼儿在生活中看见同伴的进步,彼此间互相鼓励、互相推动,营造互助友爱的良好氛围。

案例:夸夸墙[①]

大四班有一堵不起眼的墙,它的名字叫"夸夸墙",墙上贴满了彩色的便签纸。它虽然普普通通,但却牵动着孩子们的心,每天都会有很多孩子在它面前驻足,"夸夸墙"究竟有什么魔力呢?

一天早晨,鑫鑫面露难色,原来今天轮到她值日,她想要做的"洗手间值日生"工作已经被其他小伙伴认领走了,剩下的"衣柜、书架管理员"等工作她以前没做过,她担心自己做不好,正发愁呢!见她面露难色,我关心地询问道:"你想找其他人商量着换个工作,还是去试试这个没做过的工作呢?"她想了片刻,迟疑地说:"那我试试看吧。"在一旁围观的值日生们也帮衬:"鑫鑫,没关系的呀,每个人都是从不会到会的,没有人是一开始就会的呀!""是呀是呀,不会就学呀,我们都会帮助你的。"在同伴的鼓励下,鑫鑫开始了全新的尝试,认认真真地完成了一天的值日工作。于是,在当天的"夸夸墙"上,多了一张便签纸,是夸奖鑫鑫的。(在我们班,每一个班级成员都会在一日生活中发现自己或他人的闪光点与进步的地方,并把自己的发现记录在"夸夸墙"上,它就像是另一种形式的"光荣榜",只是发起者不再仅限于教师,还包括孩子自己和同伴。)

放学前,大家按照惯例围拢在一起,回顾一整天的生活,贝贝从"夸夸墙"上取下便签纸说道:"这个是我的发现,我要夸一夸鑫鑫的值日生工作。"原来,夸奖鑫鑫的便签纸是贝贝贴上去的。话音刚落,大家都纷纷应和:"鑫鑫太了不起了,她完成了从没做过的工作!""谢谢鑫鑫,要不是你提醒,我差点忘记换外套了呢!"同伴们看到了鑫鑫的突破和努力,夸赞了鑫鑫的勇敢和付出。而鑫鑫呢,害羞地低下了头,脸上洋溢着幸福的微笑。来自小伙伴的肯定,让鑫鑫备受鼓舞,从此以后,她开始主动尝试更多新的活动,变得更自信、更勇敢了。

"夸夸墙"的魔力就在于"看见",看见班级中发生的点点滴滴,看见每一个孩子的付

[①] 该案例由上海市静安区南阳实验幼儿园褚佳雯老师提供。

出和努力，让每一个班级成员都能收到来自于同伴的善意，感受一份暖暖的爱的鼓励。

在发现他人进步的过程中，幼儿需要观察、思考和评价他人的表现和进步，这种认知过程可以培养幼儿的观察能力、思考能力和评价能力，同时也可以帮助他们更好地认识自己和他人。案例中的鑫鑫，收到了来自同伴的夸赞和感谢，感受到自己的努力与付出被集体认可，这种积极的正向反馈也激励着鑫鑫不怕困难、勇于尝试，更加自信地面对未来的挑战和机遇。对同伴积极的反馈和评价，也表明孩子们都逐渐拥有了"用发现进步的眼光去发现身边的人"的意识，"夸夸墙"提供了一个更为开放、不受时间和空间限制的自我评价与互相评价的媒介，让每一个孩子都有机会参与其中，不论是夸赞别人，还是收到来自他人的夸赞，都是一种积极力量的发现与汲取，这种发现进步的班级文化形成了所有班级成员努力向上的积极氛围。

（二）发现不一样的进步

评价是主体对客观对象的主观评判，不同的价值观、不同的视角、不同的标准使评价结果呈现多元化，教师鼓励更多的幼儿加入到评价过程中，从各自的角度来评价同伴，让评价的过程变得更丰富、更广泛，在互评中发现更多不一样的进步。

> **案例：教室里的照片展**[①]
>
> 在区域活动中，孩子们喜欢用平板电脑记录自己的作品，久而久之，照片越积越多，我把精彩的瞬间都打印了出来，在教室里开起了照片展。
>
> 看着照片展，孩子们有说不完的故事：他们会给照片取名字，会告诉大家照片背后的故事。我突然想到：如果支持他们用自己的视角去记录生活的点滴，又会擦出怎样的火花呢？
>
> 我们决定先从进餐环节开始，大家通过拍照一同来寻找进餐中的好榜样。
>
> 那怎样才是进餐中的好榜样呢？"一手扶碗、一手拿勺；两只小脚放放平；小肚子贴近桌子；三只小碗吃光光……"，听见孩子们的回答，我满意地点点头。看来平时的教育还是很有效果的。于是，每天中午就有一支队伍出动了，他们或是蹲在地上、或是站在

[①] 该案例由上海市静安区南阳实验幼儿园赵乐融老师提供。

餐桌旁用平板电脑记录同伴的进餐情况，忙得不亦乐乎。

这天，一张别具特色的照片吸引了我，照片拍摄的是一个碗，一个还剩有许多菜的碗，里面有很多咕咾肉，还有一小口青菜。我的第一反应认为这一定是哪个娃不小心拍错了吧！但是仔细看这张照片的构图、角度与光线，我又觉得这应该是认真拍的照片，带着好奇，我找来了拍照的悠然。

"赵老师，这张是我拍旺旺的。""你为什么拍这张照片啊？"我好奇地问道。

"我看旺旺吃得很好呀，而且我告诉你哦，昨天旺旺一口蔬菜都没有吃，是杨老师喂的。可是今天是她自己吃完的青菜，我觉得她很努力，所以想拍下来。"悠然的话让我有些惊讶。

悠然和同伴们分享自己的照片后，孩子们像是打开了新世界的大门："那我比昨天多吃一个虾，是不是也可以被拍啊？""赵老师，你能不能让他们来拍我啊，我今天一定吃一口肉。"我赶紧把问题抛给孩子："你们觉得呢？"

我们的照片展每天都在继续，在拍摄中孩子们学会了用赞美、发展的眼光发现同伴的亮点；而被拍摄者则感受到了行为在集体中被认可、被重视，变得越来越有自信；而对于那些目前还没被拍摄到的孩子，他们也在继续努力，希望同伴也能发现他们的闪光点，每一个孩子都开始在用自己的方式参与其中。

每个孩子都是独立的个体，他们参与活动时的角色、意愿、方式和兴趣都各不相同，因此教师应该以更加开放的态度，尊重孩子的不同想法，包容孩子的差异，去关注每一个孩子的参与方式、参与过程、参与的感受，支持孩子以自己适应的角色和擅长或者喜爱的方式主动参与到活动之中并逐步达成最终目标。就如同我们的照片展一样，支持每一个孩子以多样的角色、多样的方式参与其中，孩子们才会真切感受到自己的努力被认可，自己的进步被发现，这才是他们真实的参与和融入。而孩子的主动进步，不正是我们所期望的吗？

教育的价值在于唤醒而非给予，发现进步的评价，彰显了对幼儿的尊重、接纳、包容，把幼儿看作是有能力的、独特的、积极主动的发展主体，既顺应群体的共性特点，又关注个体的个别差异，以每一个幼儿自身的纵向发展为轴，看见他们在成长过程中的点滴进步，更有助于"点亮"幼儿的心灵，让幼儿发现属于自己的成长和变化，在经历中主动成为更好的自己！

第五章

研究的成效与展望

"让每一个孩子经历自己的学习过程",建构个别化教育支持框架的研究是南阳实幼深化办园理念,提升办园品质的整体行动。在项目研究的行动过程中,我们以支持每一个孩子经历自己的学习过程为出发点,积极开展教育反思行动,并寻找与改进教师教育行为相关的问题。与此同时,我们聚焦"人的发展",拓宽思路、解放思想，以课程开发建设带动幼儿园教师队伍建设、幼儿园内部管理等一系列变革，在追寻个别化教育的道路上又向前迈了一步。

第一节　支持框架构建初显成效

从 2020 年 7 月市级课题文献研究和研究方案的确立至今,我们通过子课题研究、教研组专题研究等路径展开行动,积累了 830 篇观察记录、297 篇案例、28 份专题总结,初步构建了个别化教育的支持框架,形成了"满足需要的环境创设""同频共振的师幼互动"和"发现进步的发展评价"的课程组织实施途径和方法,进一步丰富了个别化教育理念的内涵。课程理念成为了全体教师的价值认同与行动追求,幼儿获得了主动的成长与发展。

一、幼儿园课程领导力得到进一步提升

在全员投入的深度研究中,幼儿园课程领导力得到了进一步的提升。从项目的设计到推进,园长和全体教师成为了课程研究的共同体,围绕共同的目标,经历了发现问题、解决问题的循环,对"环境创设""师幼互动"和"发展评价"课程三要素展开持续的研究。我们从幼儿整体发展的视角出发,系统地看待三个要素对幼儿发展的作用,以及三要素之间的相互影响,从幼儿园的宏观层面来思考课程的组织实施,并运用实证研究的方法,把每一天的保教过程作为研究的阵地,不断通过观察、调查来收集幼儿发展的相关证据,从客观现实出发,不断加深对课程理念的内涵理解,并努力把这种理解落实到一日活动中,让每一个孩子经历自己的学习过程,并获得全面而富有个性的发展。

(一) 构建了以整合运行为特点的个别化教育支持框架

在个别化教育支持框架中,我们始终在探索"三要素"的整合运行。"三要素"是一种"和与合"的状态,"和"是指三个要素都是支持框架中的必要因素,缺一不可,各自发挥着支持作

用,有力地支持着幼儿的学习与发展:满足需要的环境创设,拓展经历,丰富他们的学习体验;同频共振的师幼互动,联结情感,并唤起幼儿学习的热情;发现进步的发展评价,激励成长,增强幼儿学习的自信。"合",则表明了三要素之间的相互融合,它们彼此关联、相互依存,在循环往复中伴随幼儿经历的全过程。这种"合",是在三要素独立设计基础上的综合化操作,是在时空、资源、路径和方式上进行的有机融合。

整合是"你中有我,我中有你"的有机联系,而不是在"你和我"之间作取舍。在支持幼儿主动经历的过程中,建立以关系为纽带的运行通路,使"三要素"在动态中相交相融。整合,是所呈现的状态,也是一种运行的思路,我们所说的整合运行,实质上是"融合中的联动"。三个要素在融合中的联动,可以做一个简单的比喻,三个要素是三个齿轮,它们连续啮合传递动力,在整合运行中,三个要素缺一不可、协同作用,不是三者通过 $1+1+1$ 的简单叠加成为 3,而是综合考虑三要素之间多方面的、间接的因果关系,使之彼此衔接,从而实现要素间的协同作用,发挥 $1+1+1>3$ 的功效,推动着幼儿的经历不断前进、走向深入。

(二) 形成了基于儿童经历的教育研究实证意识

为了提升教师的实证意识,我们构建研究共同体,将全体教师纳入到落实课程理念的实证研究中来,形成研究主体之间的循环,确保人人参与,并深入各个教研组,实地观摩、参与教研活动,通过对话交流,了解每一个教研组研究过程中的真实问题与困惑,遵循基于证据分析的"发现问题——制定方案——实践探索——反思调整——发现新问题"的研究路径,开展头脑风暴,群策群力护航教研组开展有效研究。

1. 研究方案设计,注重多类型证据的应用

研究前,教师、教研组的研究比较注重效果证据,且多为观察记录,比较单一。研究后,教师、教研组在设计研究方案时就具备了实证意识,积极寻找和应用各种类型的证据,包含政策标准类、实践经验类、学术理论类、现状基础类等,[①]帮助概念的厘清,为实践研究提供借鉴与改进的经验。以中班教研组 2022 年 9 月的专题研究方案中的证据应用为例来具体说明。

---

① 王俊山. 教师循证实践的现状与路径优化[M]. 上海:上海社会科学院出版社,2023:139.

表 5-1-1 专题:在发现进步的评价中支持中班幼儿胜任感发展的实践研究(证据附表)

证据类型	证据名称	证据内容	对应问题	对应措施
政策标准类	《幼儿园教育指导纲要(试行)》	教育评价是幼儿园教育工作的重要组成部分,是了解教育的适切性、有效性,调整和改进工作,促进每一个幼儿发展,提高教育质量的必要手段。以发展的眼光看待幼儿,既要了解现有水平,更要关注其发展的速度、特点和倾向等。	什么是教育评价?它包含哪些方面?	明确本研究中"发展评价"的重要作用,阐明选题本身的意义价值。
	《上海市幼儿园办园质量评价指南(试行稿)》	自我与社会性-自我意识-表现行为 3,语言与交流-理解与表达-表现行为 3,探究与认知-科学探究-表现行为 3。	胜任感与中班幼儿之间存在怎样的关联?	明确胜任感与中班幼儿主动经历之间的密切联系,阐述选题本身的意义价值。
学术理论类	自我决定理论的新发展述评	自我决定理论(简称 SDT)是关于个体自我决定行为的动机过程理论,它与自主学习观点密切联系。它提出给予学生自主支持,需要满足他们三种基本心理需要:归属需要、胜任需要和自主需要。学习动机的能量和性质,取决于心理需要的满足程度。	什么是胜任感?	明确本研究中"胜任感"的核心概念。
	学前儿童主动学习指标体系研究	·关键发展指标及其含义说明。 ·关键发展指标对应的阶段。 ·学前儿童主动学习关键发展指标体系具有双重属性,即一方面体现儿童主动学习的阶段性表现特点,另一方面体现教师支持儿童主动学习的相应教育目标。	如何科学构建《中班幼儿胜任感关键发展指标》?	阅读文章内容,结合相关知识观察幼儿并进行案例记录,科学地完善、验证现有评价指标。

(接上表)

证据类型	证据名称	证据内容	对应问题	对应措施
实践经验类	研究小结:《生活活动中,支持小班幼儿归属感萌发的实践研究》	• 通过"让进步看得到"和"让进步听得到"两个途径实施。 • 研究成果《生活活动中小班幼儿归属感关键发展指标》。	• 具体支持方法有待进一步的积累与验证。 • 中班幼儿主动学习评估指标有待在多次验证、多方验证下继续完善。	• 积累发现进步的发展评价的具体方法,运用行动研究法进行实践和验证,以数据和案例作为证据,形成操作要点。 • 结合观察实录,通过汇总、归纳,细化评价标准中具体的描述性指标,丰富指标体系。
	研究小结:《生活活动中,支持中班幼儿胜任感形成的实践研究》	胜任感对于中班幼儿,不仅是一种心理上的需要,也是一种能力的体现。	胜任感与中班幼儿之间存在怎样的关联?	明确胜任感与中班幼儿主动经历之间的密切联系,阐述选题本身的意义价值。
现状基础类	教师观察实录、案例汇总分析	教师围绕研究主题撰写观察实录、案例。	验证支持幼儿胜任感发展方法的有效性。	鼓励各个班级教师围绕研究主题积累观察实录、案例。

以上的证据附表中政策标准类证据《幼儿园教育指导纲要(试行)》《上海市幼儿园办园质量评价指南(试行稿)》,实践经验类证据《生活活动中,支持中班幼儿胜任感形成的实践研究》,为该专题研究意义价值的确立提供了强有力的支撑。

学术理论类证据"自我决定理论的新发展述评"为核心概念"胜任感"的制定提供了依据。由此,本研究中将胜任感界定为:个体在各种活动中,通过表现出成功的行为和能力所获得的一种积极的自我价值感体验。具体而言本研究中的"胜任感"意味着幼儿觉得他能做到,幼儿产生"我能行""我很棒"的自我价值感体验,能提出"我愿意试试"的愿望,建立自信,觉得自己可以胜任。

学术理论类证据"学前儿童主动学习指标体系研究"为该研究的指标建构提供了基本框

架与研究路径。实践经验类证据是教研组前期研究的成果,为该研究具体方法的完善与创新奠定了良好的基础。现状基础类证据注重研究过程中的证据累积,目的是验证支持幼儿胜任感发展方法的有效性,并不断优化方法。

在设计研究方案时注重多元证据的应用,帮助教师建立了研究的"路径图",从源头上保障研究的科学性、针对性。

2. 研究过程中,增强多维度收集证据的意识

研究前,教师主要凭主观的想法来判断成效,缺乏证据收集的意识。研究后,教师从群体证据和个体证据的不同证据范围,从自身和幼儿的两种角度来收集证据,证明研究的成效,提升了研究的信度及效度。以蒙氏教研组 2022 年 6 月专题小结中《师生共建"儿童之家",支持幼儿主动经历发展的成效》为例来具体说明。

群体证据:教师运用《幼儿主动发展评价指标》和《幼儿主动学习能力发展观察实录表》,关注幼儿主动经历过程中的行为表现,开展过程性评估,发现每一个幼儿的点滴进步。通过分析 2020 学年与 2021 学年幼儿在混龄主题日活动"'蒙娃'迎国庆""'蒙萌'的秋天"中主动学习(经历)的行为表现,我们得到了图 5-1-1。

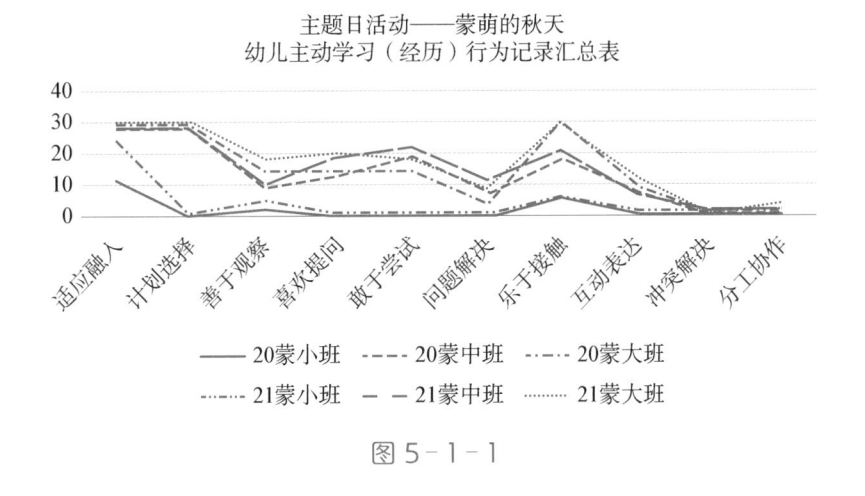

主题日活动——蒙萌的秋天
幼儿主动学习(经历)行为记录汇总表

图 5-1-1

分析:相较 2020 学年,三个年龄段的幼儿在 2021 学年的主题日活动中,主动学习(经历)行为的发生次数均有提升。其中,大班幼儿"适应融入""计划选择""乐于接触"的主动学习(经历)行为次数有显著提升。小班幼儿在"'蒙萌'的秋天"主题日活动中,主动学习(经历)行为的发生次数较"'蒙娃'迎国庆"中也有显著提升。说明教师将课程理念转换为教育行为能够有效地支持幼儿的主动经历。

个体证据:来源有两部分,一部分是幼儿的活动记录,另一部分是教师的观察记录。两部分个体证据形成互证,共同作为个别幼儿主动经历成效的证据。

研究提升了教师思考的深度,她们不再主观臆断,而是学会了用多维度的证据来"说话",证明研究的有效性。

二、幼儿在经历中全面而又富有个性地成长

幼儿在不断发现问题、解决问题的过程中更加主动学习,在真实的经历中,自主性得以发挥,独特性得到尊重,兴趣需要得到满足,获得全面而又富有个性的成长。

(一)幼儿主动学习能力的发展

运用我园自主研发的《幼儿主动发展评价指标》,分别于 2021 年 6 月和 2023 年 6 月对全园 461 名幼儿进行前测和后测得出以下结果。(因小班幼儿的年龄特点在基本维度"合作"中的"冲突解决"和"分工协助"的关键发展指标水平较弱,故没有将这一基本维度放入前、后测中。)

表 5-1-2 幼儿主动学习关键发展指标前、后测评价结果

基本维度	关键发展指标	平均数		标准差		P 值
		研究前	研究后	研究前	研究后	
参与	适应融入	13.71	5.95	1.16	0.85	0.00
	计划选择	13.35	6.02	1.62	0.93	0.00
发现	善于观察	14.18	6.95	2.10	1.05	0.00
	喜欢提问	14.00	6.88	1.77	1.02	0.00
交往	乐于接触	11.35	6.47	1.32	1.18	0.00
	互动表达	11.59	6.64	1.23	1.23	0.00
探索	敢于尝试	10.65	5.12	1.32	0.24	0.00
	问题解决	11.18	5.06	1.55	0.35	0.00

根据表 5-1-2 结果，我园幼儿主动学习水平在研究后的平均数低于研究前，经 t 检验，研究后与研究前有极显著差异。根据平均数愈小发展水平愈高的关系，这说明我园幼儿在四个基本维度的主动学习水平研究后比研究前均有提高。虽然这其中有幼儿自然成长的因素，但也不排除本研究对于幼儿主动学习能力发展的促进作用。

2021 年 6 月至 2023 年 6 月，连续两年，共 27 位教师（有一位教师一直带小班）分别使用《幼儿主动发展评价指标》面向我园三届总计 375 名小班幼儿，在一日生活的各个环节中观察、评价，我们将每一年的数据汇总后就平均值进行对比，见图 5-1-2。

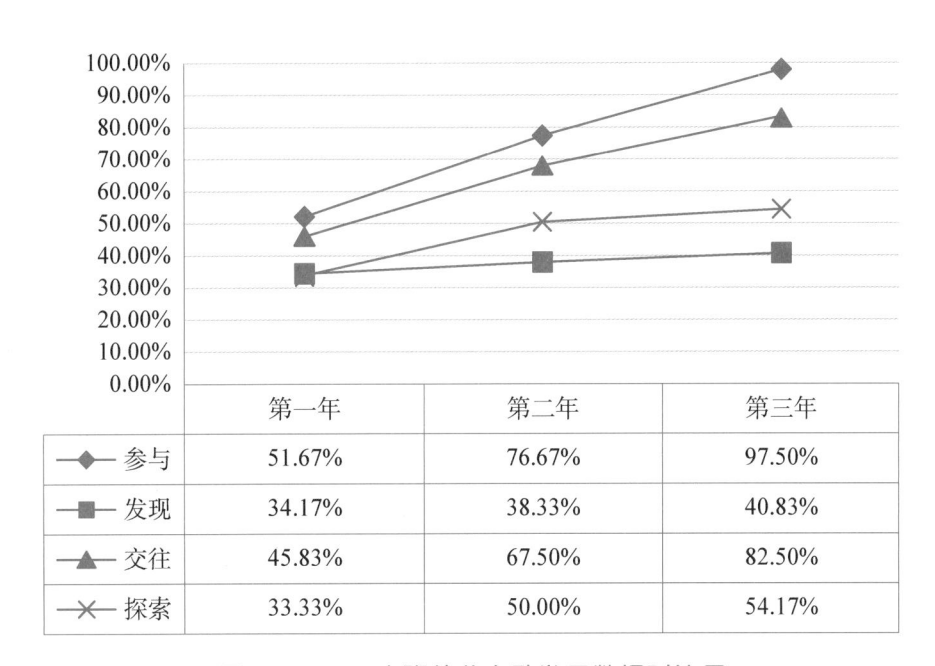

	第一年	第二年	第三年
◆ 参与	51.67%	76.67%	97.50%
■ 发现	34.17%	38.33%	40.83%
▲ 交往	45.83%	67.50%	82.50%
✕ 探索	33.33%	50.00%	54.17%

图 5-1-2 小班幼儿主动发展数据对比图

根据图 5-1-2，可以发现：三年里，小班幼儿在主动发展评价指标中"参与""发现""交往""探索"维度的百分比呈递增状态，因此，可以判断出本研究促进了我园小班幼儿的主动学习能力的发展。其中，小班"参与"维度的百分比第三年比第一年增长了 45.83%；"交往"维度的百分比第三年比第一年增长了 36.67%，这两个维度增幅最大。

2021 年 6 月至 2023 年 6 月，共 28 位教师分别使用《幼儿主动发展评价指标》面向我园三届总计 394 名中班幼儿，在一日生活的各个环节中观察、评价，我们将每一年的数据汇总后就平均值进行对比,见图5-1-3。

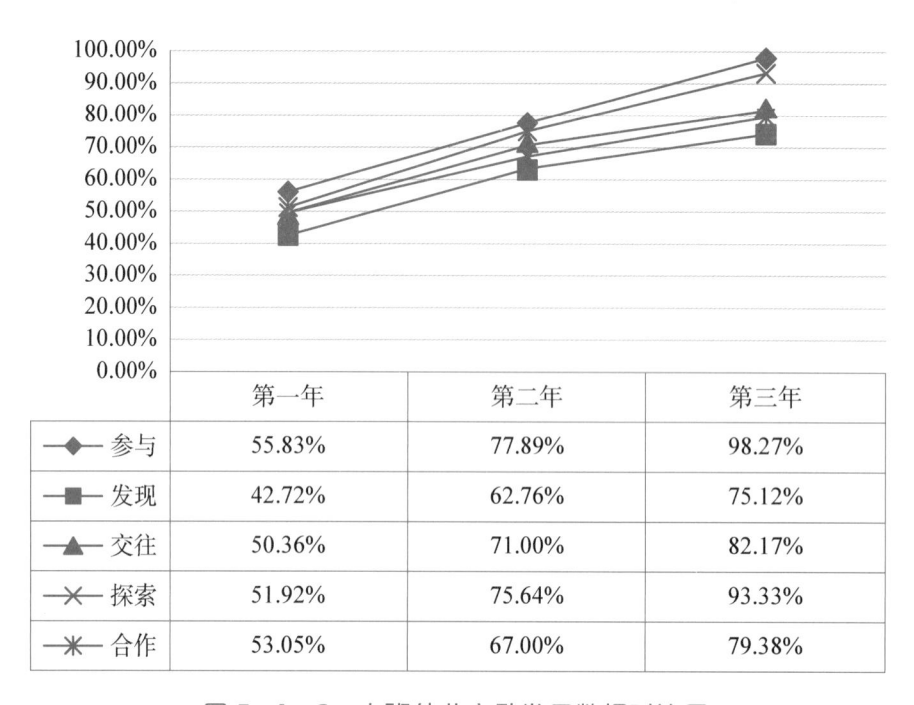

	第一年	第二年	第三年
参与	55.83%	77.89%	98.27%
发现	42.72%	62.76%	75.12%
交往	50.36%	71.00%	82.17%
探索	51.92%	75.64%	93.33%
合作	53.05%	67.00%	79.38%

图5-1-3 中班幼儿主动发展数据对比图

根据图5-1-3,可以发现:三年里,中班幼儿在"参与""发现""交往""探索""合作"维度的百分比都呈递增状态,因此,可以判断出,本研究促进了我园中班幼儿的主动学习能力的发展。其中,"参与"维度的百分比第三年比第一年增长了42.44%,增幅第一;"探索"维度的百分比第三年比第一年增长了41.41%,增幅第二。幼儿不再只关注到自己的所思所想,也会考虑到同伴的需要与感受,更会在活动中听取同伴的意见,相互商量解决问题。

2021年6月至2023年6月,共30位教师分别使用《幼儿主动发展评价指标》面向我园三届总计414名大班幼儿,在一日生活的各个环节中观察、评价,我们将每一年的数据汇总后就平均值进行对比,见图5-1-4。

图5-1-4可以发现:三年里,大班幼儿在"参与""发现""交往""探索""合作"维度的百分比都呈递增状态,因此,可以判断出,本研究促进了我园大班幼儿的主动学习能力的发展。其中,"合作"维度的百分比第三年比第一年增长了37.76%,增幅第一,孩子们会合作、乐于合作;"参与"维度的百分比第三年比第一年增长了31.27%,增幅第二;"交往"维度的百

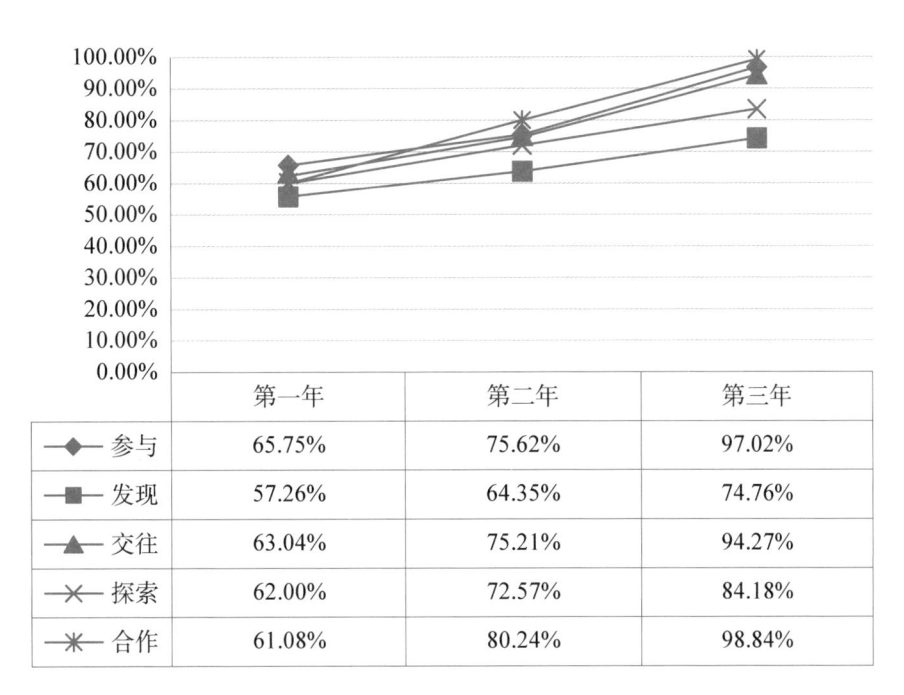

	第一年	第二年	第三年
◆— 参与	65.75%	75.62%	97.02%
■— 发现	57.26%	64.35%	74.76%
▲— 交往	63.04%	75.21%	94.27%
✕— 探索	62.00%	72.57%	84.18%
✻— 合作	61.08%	80.24%	98.84%

图 5-1-4　大班幼儿主动发展数据对比图

分比第三年大班比第一年大班增长了31.23%，增幅第三。教师在一日活动中增加了幼儿们互动、对话的机会，鼓励幼儿大胆表达，谈论自己在活动中的问题、感悟，开展自我评价、同伴互评等，彼此分享经验、互帮互助、共同进步、增进情感。

同时，在各年龄段主动发展数据的对比图中，可以发现一个共性特点，幼儿在"参与"维度都有极明显的提高。其原因很可能是在各项活动前，教师鼓励幼儿运用多种形式进行计划，并根据计划行动，支持幼儿反思、调整，直至计划达成，有效激活了幼儿经历的积极性和主动性，由"要我做"变为"我要做""我想做"。

（二）幼儿自主感的提升

既然是研究幼儿的发展，则也应听一听作为评价主体的幼儿们的真实想法。倾听幼儿声音的意义在于尊重他们的内在需要和生活经验，还在于从中获得的信息可以和教师的评价一起共同验证研究的成效。

前期访谈：2022年9月，5个大班共115名幼儿参与了这次访谈，每班以个别访谈的形式开展，每次访谈一名幼儿。访谈问题：①幼儿园里有没有你可以自己做决定的事情？②可以自己决定哪些事情?

表 5-1-3　幼儿对"幼儿园里有没有你可以自己做决定的事情"的看法

内容 N=115	有 n(%)	没有	不清楚
幼儿园里有没有你可以自己做决定的事情?	77(66.96%)	31(26.96%)	7(6.08%)

表 5-1-4　幼儿对"可以自己决定哪些事情"的看法

内容 N=115	学习活动 n(%)	游戏活动	运动活动	生活活动	其它	无
可以自己决定哪些事情?	68(59.13%)	9(7.82%)	5(4.35%)	20(17.39%)	4(3.48%)	40(34.78%)

后期访谈:2023 年 6 月,5 个大班的共 115 名幼儿参与了第二次访谈。访谈形式和问题同第一次访谈。

表 5-1-5　幼儿对"幼儿园里有没有你可以自己做决定的事情"的看法

内容 N=115	有 n(%)	没有	不清楚
幼儿园里有没有你可以自己做决定的事情?	115(100%)	0(0%)	0(0%)

表 5-1-6　幼儿对"可以自己决定哪些事情"的看法

内容 N=115	学习活动 n(%)	游戏活动	运动活动	生活活动	其它	无
可以自己决定哪些事情?	96(83.48%)	31(26.96%)	32(27.83%)	10(87.83%)	0(0%)	0(0%)

两次访谈结果对比:

从以上表格中可以发现:2023 届大班幼儿的自主感有了明显增长。从原先 66.96% 的幼儿认为幼儿园里有一些可以自己决定的事情,到大班末期所有参加访谈的幼儿都认为"幼

Q1: 幼儿园里有没有你可以自己做决定的事情?

■ 2022年9月　■ 2023年6月

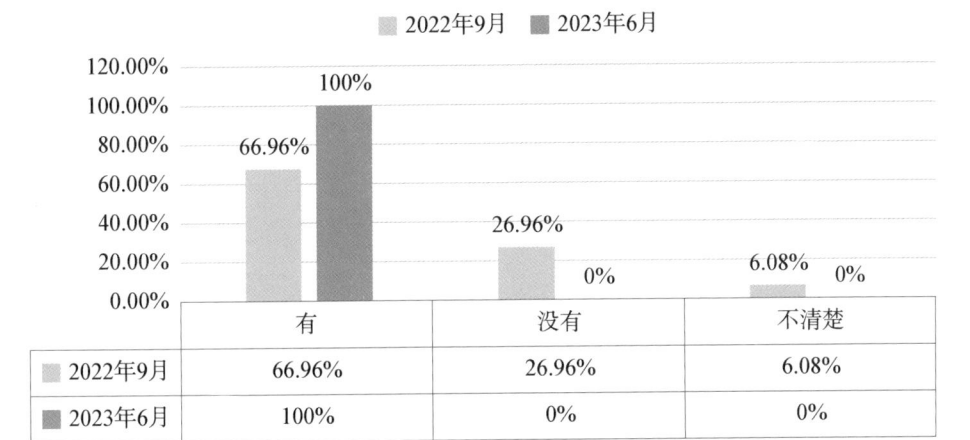

	有	没有	不清楚
2022年9月	66.96%	26.96%	6.08%
2023年6月	100%	0%	0%

图 5-1-5

Q2: 可以自己决定哪些事情?

■ 2022年9月　■ 2023年6月

	学习活动	游戏活动	运动活动	生活活动	其它	无
2022年9月	59.13%	7.82%	4.35%	17.39%	3.48%	34.78%
2023年6月	83.48%	26.96%	27.83%	87.83%	0.00%	0.00%

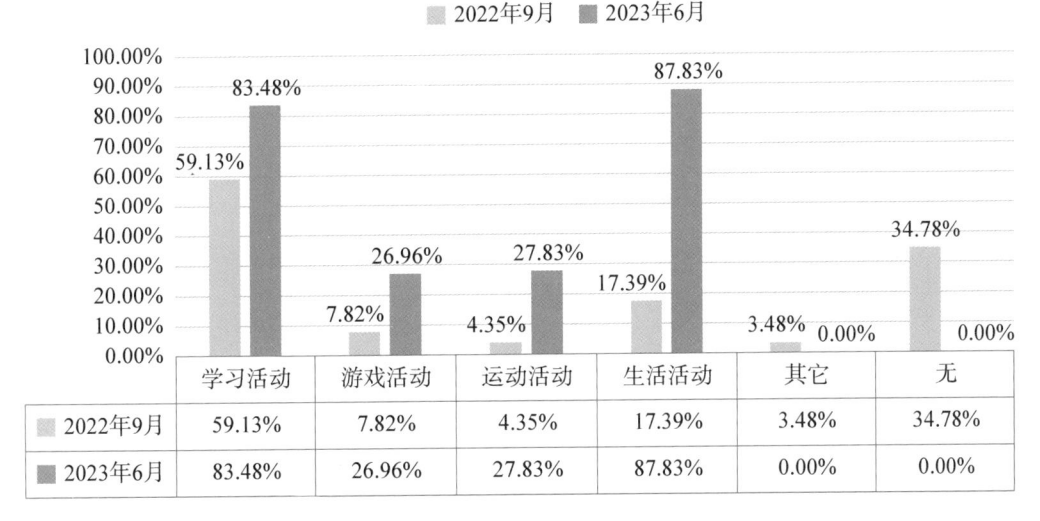

图 5-1-6

儿园里有我可以自己决定的事情",并且提到四大类活动的幼儿人数都有了明显增长。引起这一变化的原因:一是幼儿各方面能力的增强,他们可以更理性地思考并作出决定;二是教师在一日生活中更加放手,为幼儿创设了更多可供他们自己思考、决定、尝试、调整的机会,并在过程中从环境、互动、评价三方面采取了班本化、个性化的支持措施,帮助幼儿学会自己选择、实施、决定,有力地支持了幼儿自主感的发展。

从幼儿的具体表述中可以发现,"自己决定"的内容正从外在的"物体"向内在的"思想和行为"转变。第一次访谈时,大部分幼儿提到的"自己决定"指向于具体明确的"物",主要是玩具、材料、书、位置、食物、奖励等,仅少数幼儿的回答涉及了"某种行为或规则"。我们认为,这表示幼儿开始注意到自己作为主体对"行为""规则"这些相对抽象的事物所具有的选择、决定的能力和权力,他们的主体意识在进一步地萌发、发展,但多数幼儿仍处于懵懂状态且不同幼儿之间的差异较大,还需要引导、启发和支持。第二次访谈时,有更多的幼儿提到"决定"是关于"是否要做某件事""怎样做""如何安排某段时间",比如"如何分批邀请同伴如厕""用怎样的话语提醒同伴""是否要制作标志,标志上画什么""是否要帮助同伴,用何种方式帮助""选哪个值日生岗位、选择的理由"……这显示出幼儿逐步地能够更理性地思考,根据现实情况决定下一步要采取的行动。幼儿正是在这样一次次的经历中体验着能力的增长,感受到自己是处于发展中的个体,收获了自主感的发展。

(三) 幼儿自我评价能力的发展

幼儿对自己的评价,从较多地关注知识技能到关注方方面面,评价的内容从简单到具体,从泛泛而谈到有理有据。

1. 幼儿评价内容的丰富

分别于 2021 年 6 月和 2023 年 6 月,选取 2021 届共 115 名大班幼儿和 2023 届共 115 名大班幼儿开展个别访谈。访谈问题:①夸夸自己(同伴)的优点有哪些?②说说自己(同伴)还有哪些有待进步的地方?

梳理幼儿的答案,发现幼儿在评价内容方面发生了变化,具体见图 5-1-7。

根据图 5-1-7 可以发现:幼儿的评价内容聚焦于"良好的学习品质""积极的情绪情感""社会性发展""具备的思维能力"方面的幼儿 2023 届比 2021 届人数有增加,增幅从高到低依次是"良好的学习品质"(29%)、"积极的情绪情感"(20%)、"具备的思维能力"(15%)、"社会性发展"(11%)。聚焦于"已有的知识技能"方面的 2023 届比 2021 届人数有减少,降幅是 32%。说明经过两年的研究,我园大班幼儿对于"已有的知识技能"方面评价减少了,更多关注其他各个方面,评价内容的范围拓展了,更丰富了。

幼儿评价内容前后对比：

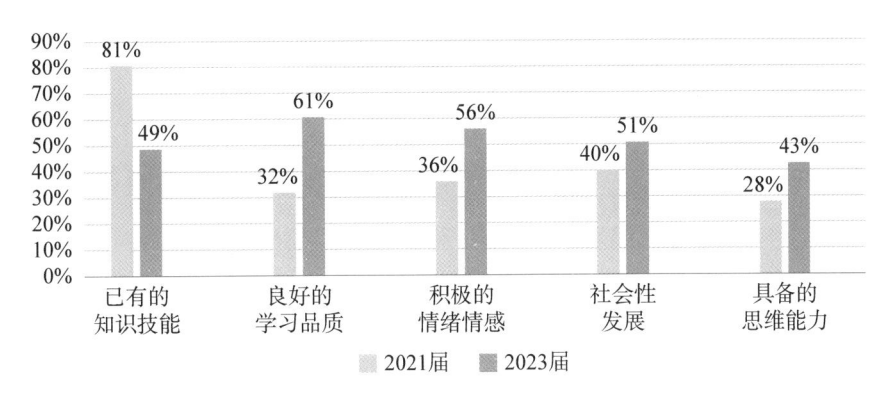

类别	2021届	2023届
已有的知识技能	81%	49%
良好的学习品质	32%	61%
积极的情绪情感	36%	56%
社会性发展	40%	51%
具备的思维能力	28%	43%

图 5-1-7　幼儿评价内容前后对比

2. 幼儿评价内容的具体

以前，幼儿的评价翻来覆去就是那几句话，似乎针对所有情况都可以适用。

现在，幼儿在自评时，会说出自己进步的具体内容（见表 5-1-7），这说明幼儿明确了自己的发展小目标，能及时发现自己的进步与闪光点，知道接下来继续努力的方向。评价内容的具体，成为幼儿主动经历、持续发展的助燃剂。

表 5-1-7　幼儿评价语言前、后对比

2021 年 6 月	2023 年 6 月
我真棒！	我说得很清楚！
太厉害了！	我今天自己选了番茄吃，没有挑食，我进步了！
我真的很不错！	我今天努力练习拍球了！后面一定会越拍越好的！
很好呀！	我会提前自己做准备！
	今天我把衣服叠得很整齐！
	我今天把蔬菜都吃完了，太棒了！
	我遇到困难后没有发脾气，而是想办法解决了。
	……

（四）幼儿自信心的提升

在群体的背景下，根据每个幼儿的不同需求和特点，提供适切的支持，让幼儿感受到自己被看到、被肯定，激活了主观能动性，实现自我欣赏、自我发展。例如：在"'蒙娃'迎国庆"

的活动中,教师觉得卓伦的想法很有创意,并发现大部分幼儿对"祖国妈妈"的认识和卓伦一样,所以通过支持卓伦完成任务,来调整并拓展幼儿的原有认知。而过程中教师和家长之间的及时沟通和交流,有效地支持了还不够自信的卓伦以自己的能力实现了自己的计划,让卓伦感到自己受到了重视,自己很能干。又如:教师让有相同想法和需要的幼儿结伴策划活动,使活泼开朗的叮当和文静内敛的曦曦互为补充,有效地激发了幼儿策划、主持活动的热情,使幼儿感到他们的活动和想法是重要的、有意义的。"升旗仪式"让曦曦和叮当感受到教师和同伴们都看见了他们的努力和勇气……因为有了因人而异的支持,幼儿们在学习中变得勇敢、独立、自信,现在听到幼儿们说得最多的是,"我可以的""让我试试看""我很能干""我们一起玩吧""老师,我有不同的想法"……

第二节　个别化教育主张在项目研究中孵化萌芽

构建个别化教育支持框架是南阳实幼课程开发建设中的一场新变革,"让每一个孩子经历自己的学习过程"表明了鲜明的教育立场:儿童是学习与发展的主人,教师是儿童学习与发展的重要支持者。"支持"是对教与学关系的再定位,关乎教育理念的更新与迭代,更是从理念到行为的反思与再造,对教师的儿童观、教育观及专业能力提出了严峻的挑战。研究带来的是挑战,也是教师专业发展中的机遇。项目的推进与教师的发展,两者之间相互依存、彼此成就:一方面,项目研究从"环境创设""师幼互动"和"发展评价"教育三要素切入,结合个别化教育中的难点和问题进行研究方案的设计,为教师提供从课程理念到教育实践的转化思路和行动路径;另一方面,教师不断追随幼儿学习与发展的历程,在行动、反思中展开个性化实践和演绎,为研究的全面性梳理和成果提炼提供鲜活的素材,并进一步丰富课程理念的内涵。在研究中,我们以教科研整合运行,形成"以理念指导实践,以实践丰富理念"的循环通路,助推教师专业发展。

一、寻找项目研究与教师发展的结合点

教师的发展具有鲜明的实践特征,好老师是在实践中历练出来的,从理解理念到运用理念指导实践,再到以实践来丰富理念,并坚定地、持之以恒地探索,形成自己对教育、对儿童的个性化理解,是教师发展的必由之路。我们认为,教师成长与幼儿成长的道理是一致的,不仅仅是靠外部的灌输,更多是要在自己原有经验的基础上不断探索、研究、验证、发现,不断吸收各种新的信息,从而建构、整合成"自我的"教育理论。在园的40名教师个性和特点不同,教育教学经历的长短、深浅不一,如何使课程理念成为每一位教师认同、追求与坚守的共同愿景?如何激发每一个教师在支持框架的建构行动中找到自己的抓手,并立足实践主动反思、探索与创新?我们"以教育主张孕专业智慧",以教育主张激活教师专业发展的内生力。

主张,即看法、见解。教育主张,可以理解为教师对教育是什么、怎么做的意见,是教师对儿童、对教育理解的集中体现,其核心是对教与学之间关系的认识,以及在这种认识的影响下对教育、课程、教学形成的理解。教育主张统摄教学方法与策略,是和教学相关的个人观点,体现出鲜明的个性色彩。

我们认为,教育主张是幼儿园课程开发建设与教师专业发展之间的纽带,是从课程理念向教学实践转化中的支点;教育主张是教师自省教学实践的重要依据,为教师开展基于课程理念的自我诊断、自我改进,提供了强大的内部动力;教育主张是教师对课程理念的个性化理解,为教师在教育实践中不断创新与变革,提升课程实施的专业能力,形成教学风格奠定了基础。

二、以项目研究为线索,呼唤教育主张

本书中认为对教师的培育是支持、是陪伴,为了给予教师多种支持,陪伴他们酝酿、确立和发展教育主张的全过程,我们展开了行动。形成自己的教育主张是教师教育生涯中的一件大事、难事,我们以项目研究中的两大支点为线索,帮助教师建立课程理念与教学实践的

连接,寻找确立教育主张的突破口。

(一) 以课程理念勾勒儿童发展的愿景

"让每一个孩子经历自己的学习过程"中有四个关键词:"每一个"和"自己的",突显的是对幼儿个性特点的关注,接纳幼儿发展的独特性;"经历",是从幼儿的视角来看待学习的过程,突显的是对幼儿的学习方式和学习状态的把握;"学习过程",是从广义的范畴来认识学习,将学习与发展紧密结合起来。

我们和教师们一起勾画蓝图,想象课程理念下的幼儿发展:在让孩子经历自己的学习过程中,你希望他们呈现怎样的状态,成长为怎样的孩子?你想用什么方法和途径更好地支持孩子经历?你想营造一种怎样的班级氛围?你想成为一名怎样的老师?……教师憧憬着自己最想达到的美好状态,这,就是教育主张的雏形。

(二) 以课程三要素来反思实践中的困惑与问题

教育主张的产生源于课程理念的指引,同时,也离不开教师个体原有的实践基础,我们引导教师们围绕个别化教育支持框架中的"三要素",反思和追问自己:在"环境创设""师幼互动"和"发展评价"的过程中,你有哪些困惑与问题?你需要做出怎样的改变?……从中找到最想解决的问题,并以问题的答案作为教育主张的切入点。例如,教学经验丰富的冯老师,结合在教学过程中预设有余、顺应不足的问题,提出了教学主张"用心倾听,为需所变",希望自己能更多地放下头脑中的预设,用心去发现每一个孩子的真实需要,并转变师幼互动方式,更好地支持孩子经历自己的学习过程。关于课程理念与当下教育教学的思考,使教育主张依循线索渐渐浮现出来,教师们用简单而朴素的语言表达出了内心的呼唤。

三、以项目研究为载体,探寻教育主张

教育主张的形成与发展受两个因素的影响和制约:一是内因,即教师个体主动地学习、实践和反思;二是外因,即助力教师更好地发挥主观能动性的任务驱动、资源供给。我们将项目研究的任务层层分解,落实到每一个教研组、每一位教师的日常教育教学实践,为教师的主动探索建立行动路径,并在项目推进的过程中搭建多维的对话平台,发挥同伴互

助、专业引领的积极作用激发教师探寻主张的内在动力,科研与教研相结合,科研与日常实践相结合,外力驱动与内力激发相结合,让教师专注每一个当下,全身心地扎根实践的土壤。

(一)以三级研究网络为载体,扎根实践探索

本书旨在通过环境创设、师幼互动、发展评价三要素的整合运行,建构幼儿园个别化教育支持框架,保障每一个孩子经历自己的学习过程。我们架构课题项目研究、教研专题研究和日常保教研究的三级研究网络,以科研的行动方法和教研的组织形式展开,从课程开发建设着眼,从日常的教育教学实践着手,引导教师将"环境创设""师幼互动"和"发展评价"三个要素和教育主张之间建立联系,寻找到参与课题研究的生长点。

课题项目研究:制定研究的整体推进实施方案,将研究任务分解到小、中、大和蒙氏教研组,各个教研组结合幼儿园一日活动各板块内容,寻找各年龄段幼儿主动学习的培养重点,确立教研组的研究专题。

教研专题研究:教研组围绕专题研究的问题,组织小组成员共同讨论,结合自己的教育主张,分解和认领研究任务,全组成员带着共同的研究任务,从不同的角度展开个性化的研究,使专题研究成为落实教育主张的载体。

日常保教研究:引导教师以支持幼儿主动经历为出发点,将每一天的保教工作与教育主张的研究结合起来,根据幼儿学习的状态来反思教学行为,形成"行动—反思—改进"的研究常态。在完成专题研究任务的过程中,丰富教育实践,发展教育主张。

三类研究围绕课程理念层层落实,为教育主张的探寻提供了实践的土壤,教师立足实践,持续深入探索,在围绕幼儿园各类研究公转的同时,成为自转的小星球,教育主张初现萌芽。

(二)以多维对话为纽带,搭建分享的平台

教育主张是需要分享的,而分享是需要伙伴的。我们开展多维对话,搭建分享的平台,用欣赏的眼光给予自信,用参与的过程给予帮助,用交流的手段给予学习,用展示的机会给予成功,在过程中增长经验和自信。

1. 团队分享

每月定期召集教师们结合课题、专题与日常教育教学充分展示思想，交流探寻教学主张过程中的感悟。小马老师结合教学主张"让孩子玩孩子的游戏，让孩子经历孩子的学习"，和大家分享在户外游戏中支持孩子玩落叶的故事。她说道："在以往的秋天主题中常见的活动，就是捡捡落叶、做做落叶的拼贴画。但是，我发现，我们班的孩子们喜欢捡落叶、捡树枝，而并没有想用它们去做手工的兴趣。我也可以引导他们去做落叶拼贴画，但这样做，就是让孩子玩'老师的游戏'，并没有让孩子玩'孩子的游戏'，所以，我把孩子捡来的树叶放在游戏室里，给他们充足的时间和落叶互动，生成孩子们真正感兴趣的、自己的游戏。"分享完故事后，小马老师有感而发："我努力摒弃惯性思维，不再挖空心思去设计，然后引导孩子们往坑里跳，而是尝试真正去相信孩子，让孩子玩自己想玩的游戏，这才是真正的游戏。"从小马老师真切的话语中，可以感受到，她正从教师预设中走出来，努力去追随孩子的兴趣和想法，她把教师的预设和引导看作不恰当的干预，把游戏的作用限定在"让孩子开心"上，忽略了让孩子在游戏中获得发展。导师在鼓励小马老师的同时，向她提出了问题："孩子玩得开心就够了吗？'让孩子玩孩子的游戏'中的'让'，除了允许，还有没有其他的含义？期待着你继续跟我们分享自己的新发现！"导师鼓励小马老师带着这些问题继续实践，希望她从过度的放手中走回来，寻找到预设与生成的结合点，在孩子的游戏中有所作为。团队分享就像定期的"专家门诊"，通过思想与思想交流、观点与观点碰撞，让老师们进一步厘清和明晰想法与意见，纠正实践中存在的偏差，加深对教育主张的认识和理解。

2. 读书分享

"读书会"是老师自发的分享形式，每学期共读一本书，并以月为单位，定期交流读书心得，从文字中汲取感悟，结合教育主张展开自由的漫谈。读书会像是心灵疗愈的能量场，大家相互慰藉、相互鼓励，产生共情的联结，为教育主张的探索提供了前行的动力。

我们建立支持系统，使"确立主张—探寻主张—丰富主张"成为一个动态的循环，帮助每一位教师从经验思考走向理性思考，从表层思考走向深入思考，从零散思考走向系统思考，不断增长实践经验，保障教育主张持续深入地推进。这是一场静悄悄的革命，影响和改变着南阳实幼的每一位教师。教师们感受到被重视、被欣赏、被认可、被激励,她们都在努力成长着、进步着、收获着:从"自己"走向"幼儿",走出了自己的领地,站到幼儿经历的立场上来预设教学。立场的改变,增强了教师的专业觉知,她们更多地关注幼儿,与幼儿建立联结,敏锐地发现幼儿的需要,并跳出固有思维的框框、打破习以为常的惯例,积极尝试着支持幼儿经历的新途径、新方法,校园也因此而充满了创造的活力。从"他人"走向"自己",不再盲目跟从他人,而是跟着自己的教学主张走,在自我诊断、自我反思的过程中,逐步形成自己对幼儿、对教学的认识和理解,变得善于思考、乐于表达,自信而从容地不断朝着内心的方向往前进。

教育的智慧是生长出来的,在支持框架构建的行动中,教师加深了对环境、对幼儿、对自我的理解,从关注预设走向关注生成,为幼儿提供充分的与他人以及环境互动的机会,鼓励幼儿主动建构和习得经验;从注重结果的评价到关注过程的评价,将观察、了解幼儿自然嵌入一日活动的各个环节;从关注幼儿发展水平评价转向分析幼儿在真实生活、学习情境中的表现和实际发展水平,并将此作为开展活动设计、师幼互动以及家园共育的重要依据,努力关注到每一个不同的个体,给予幼儿们机会,在实践中实现专业行为的诊断与改进,收获教育智慧。课程理念从"人人口中有"内化为"人人心中有",外化为"人人手中有",在教师们个性化的创造和演绎中变得丰富多彩。教师变得更加自信、更有动力了,她们的实践更趋理性、更有逻辑。零散的实践认识被统整成为一个整体,个别化教育的主张初现萌芽。

第三节 幼儿园管理在项目研究中得以优化

项目研究的持续深入推进,需要强大的动力支持,而幼儿园内部管理就是个别化教育支持框架建构的支持系统,并与项目研究在良性的交互中彼此依存、相互影响。一方面,项目研究就像是"牛鼻子",以幼儿的经历为轨迹,揭示出幼儿园内部管理中存在的问题,牵一发而动全身,带动了幼儿园各个方面工作的整体变革;另一方面,幼儿园内部管理的持续改进,为项目研究提供更好的外部条件,保障研究不断朝前走并不断深入。在项目研究过程中,幼儿园内部管理也在发生着改变。

一、从"主观"到"客观",建立"循证管理"运行机制

"让每一个孩子经历自己的学习过程"应成为南阳实幼管理的出发点与归宿,在个别化教育支持框架的构建中,我们努力引导保教人员转变立场,将关注点从"自己"转向"幼儿",始终以"满足幼儿的学习与发展需要"作为客观评价日常保教工作质量的检验标准。从"主观"到"客观",立场的转变带来了一个问题:如何发现幼儿的需要,如何证明幼儿的需要得到了满足?带着问题,我们借鉴课题研究的方法,尝试建立"循证管理"运行机制:一方面,遵循规律、客观全面、尊重差异,根据被管理对象的特点,寻找适宜的、有效的途径与方法,体现人在工作过程中的主体性,改进日常保教管理中阻碍课程有效落实的问题。例如:管理人员主观臆断,缺乏深入客观的调查,对问题的认识与分析仍停留在浅表层面,对问题背后的内部运行系统缺少整体的思考、解决问题的过程中,缺少相关人员的沟通对话等等。另一方面,摆事实、讲观点,以证据来帮助教师发现日常保教中的问题,并与教师共同揭示问题、寻找对策、分享经验、发扬亮点,整体提升保教工作的基础,更好地支持幼儿经历。

(一)何谓"循证管理"

循证管理,是一种思考方式,是一种观点主张,也是一种管理的途径与方法。循证,基于证据、遵循证据,以事实说话,尽量避免因人的主观因素而造成的偏差,缩小因场所不一而造成的差异。循证管理是幼儿园保教管理的园本化创新,将寻找证据、收集证据和分析证据的评价过程与发现问题、解决问题的改进过程相融,使评价与实践同步,以评价改进实践,提升管理过程的科学性。

1. "循证管理"网络架构

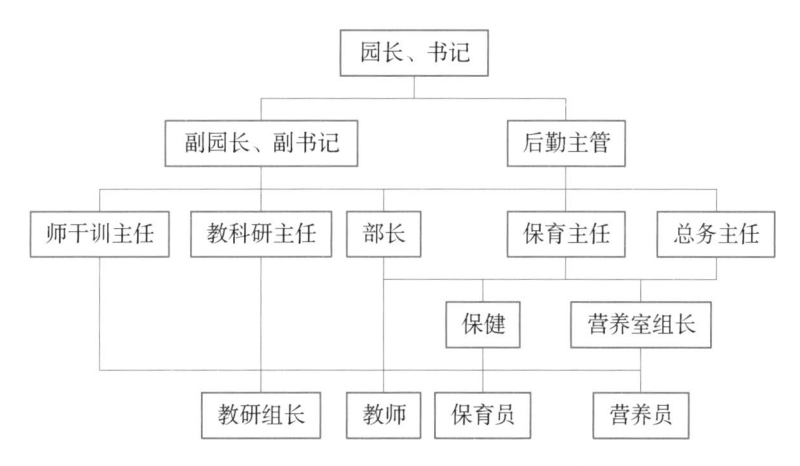

```
                    园长、书记
                   /         \
          副园长、副书记      后勤主管
         /     |      |      |        \
    师干训主任 教科研主任 部长 保育主任 总务主任
                              |          |
                             保健    营养室组长
         |         |         |          |
       教研组长   教师     保育员     营养员
```

图 5-3-1　幼儿园"循证管理"网络架构

2. "循证管理"行动路径

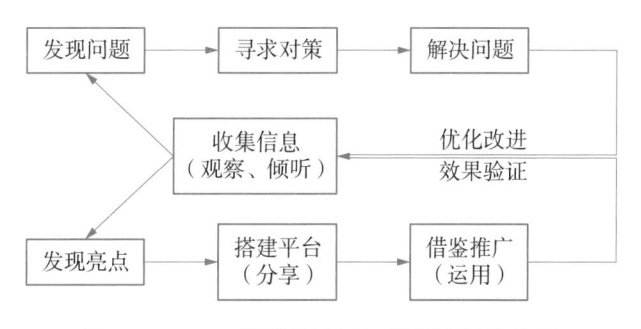

```
  发现问题  →  寻求对策  →  解决问题
      ↑                         |
      |       优化改进           |
   收集信息  ←——————————————————
   （观察、倾听） 效果验证
      |
      ↓
   发现亮点  →  搭建平台  →  借鉴推广
                （分享）       （运用）
```

图 5-3-2　幼儿园"循证管理"行动路径

各环节说明：

收集信息：确立调研的主题、内容、对象，运用观察、访谈等研究手段，深入现场，观察、倾听，充分地了解调查，收集证据。

发现问题：这里的问题，是指问题情境或管理的出发点，是要解决某个突发事件或新生问题，或是基于研究所确立的"管理主题"。问题的描述，注意针对性、指向性、清晰性，越具体明确越好。

寻求对策：依据证据，打破部门界限，展开联席研讨，形成团队，跨岗碰撞，共同寻求解决之法。

解决问题：依据多元证据制定具体方案。对于所要解决的问题或达成的目标，在证据分析的基础上，着重思考准备用什么方法解决？核心举措是什么？操作的步骤要明确，过程与细节的安排要清晰，对于用什么指标和资料来反映行动的效果，以及如何搜集相关指标与资料，要提出设想。

优化改进：传承"共通优化"管理，立足"改进"，让管理见成效。

发现亮点：这里的亮点，是指各部、各班在落实课程理念，教师在落实教育主张过程中的创新做法，有借鉴推广的价值。

搭建平台：结合幼儿园各级各类成果（经验）分享，为教师搭建多元交流平台（月工作交流、沙龙）等，让教师表达自己的观点，阐述自己的做法及理由，把所思所想所疑惑与大家共享，激活每位教师实现自我价值的"内在原动力"。

借鉴推广：基于充分证据，评估实施效果并拓展到不同部、班级运用，对在实施过程中积累的证据及时分析，进一步考察实施方案中操作的有效性。

效果验证：有效经验的运用与落实，并获得相关人员对运用后效果的反馈，收集证据，验证有效性。

3. "循证管理"实施要点

立足现场：眼见为实，深入现场，了解调查，收集证据。

系统思考：一个问题的产生，很多时候是连锁反应导致的，并不仅仅只是某个环节的原因，可能涉及到幼儿园内部的各个部门和岗位。因此，出现问题时，要有整体和全局意识，在相互关联的各个环节中去收集证据，系统地分析证据、查找原因。在解决问题的时候，也要从整体思考对策，把相关方面作为一个整体，去分配资源、协调关系等，使多方形成合力。

多级循环：按照管理的流程，形成多级的循环，使动力系统充满自我完善的活力。

注重证据：在整个循环的过程中，关注证据的收集与分析，朝向预期的方向，不断动态解决问题。

（二）探索"循证管理"机制的运行

我们将"循证管理"作为幼儿园内部管理的运行机制，探索它在课程管理、保教监控中的运用,对"为什么要做？怎么做？做得如何？"给出基于证据的决策与评价,通过这样的循环,优化保教过程,提升保教质量,用专业来做事,做专业的事。

案例：师幼互动调研

背景：

随着项目研究的不断深入,我们发现,在课程三要素中,师幼互动影响和制约着幼儿的学习与发展,是承接环境创设与发展评价的关键。其一,师幼互动为创设环境、调整环境提供依据。在互动中,教师发现和了解幼儿并开展行动,通过环境来满足幼儿的学习与发展需要,并在互动过程中和幼儿共创环境,支持幼儿的主动经历;其二,师幼互动为发展评价提供动力,教师通过温暖的鼓励,发现幼儿学习与发展中的点滴进步,在良性的循环中支持幼儿的主动经历。在项目推进的过程中,管理团队围绕"师幼互动"的专题,分头深入班级,了解、发现全园教师在师幼互动中的整体状态和共性问题,发挥管理效能、提升管理效率,切实提升师幼互动的有效性,更好地支持幼儿经历自己的学习过程。

调研过程：

此次专项调研,覆盖全园15个班级,共开展了两轮。

1. 第一个阶段：历时一个月,主要有以下三个环节

（1）收集信息

前端证据分析：项目研究核心团队成员共同学习《上海市幼儿园办园质量评价指南（试行稿）》第一部分"管理与课程评价指南",重点关注保教实施的子领域"师幼互动",对水平5中的内容进行深入分析,结合"同频共振的师幼互动"的内涵界定,设计《师幼互动观察量表》。

（2）发现问题

运用《师幼互动观察量表》深入各个班级的教学现场,围绕"五看"发现师幼互动中存在的问题。

- 看关系：师幼关系——①师幼之间的相互关系；②班级的整体氛围。
- 看对象与方式：互动对象——①点与面的关系处理：全体与个体；②互动对象间的转换：师幼与幼儿之间；③互动方式——双向或单向。
- 看内容：①培养目标——分享内容涵盖的面；②生成与预设的转换。
- 看手段：①尊重与倾听；②关注个体差异；③对介入时机的判断与把握及干预

效果。

・看发展：幼儿的状态与获得。

（3）寻求对策

・收集过程证据：进入现场，依据观察重点进行蹲点式的调研，了解全园各班师幼互动的现状，观摩记录师幼互动过程并对观察到的信息进行分析处理。

・形成结果证据：进行调研信息的交流分享，共同从证据中寻找亮点、寻找问题。

① 初步建立"师幼互动评价标准"。

② 与全体教师分享调研结果，进一步商讨并修订《师幼互动评价标准》。

③ 教师带着《师幼互动评价标准》回到日常，一边实践、一边对照，进一步验证其可操作性和有效性。

2. 第二阶段：历时一个月，主要有以下三个环节

（1）收集信息

前端证据：对已有的《师幼互动观察重点》（观察工具）进行微调

（2）效果验证

・收集结果证据：进入现场，依据观察重点进行蹲点式调研，了解全园各班师幼互动的现状，观摩记录师幼互动过程并对观察到的信息进行分析处理。

・共同从证据中寻找亮点：进行调研信息的交流分享，发现各班在师幼互动中的进步，帮助教师共同总结经验。

（3）收集信息——循证之新一轮的循环

・与全体教师分享调研结果，进一步发扬亮点，分享进步。

・结合现状中的不足，展望下个阶段师幼互动的努力方向。

师幼互动的专项调研是一次双赢的行动：一方面，研究人员通过理论学习把握师幼互动的评价内容，结合学习开发设计互动观察量表，在现场观察教师与幼儿互动过程中的行为表现，在此基础上建立园本化的师幼互动评价标准，为教师的日常教育教学提供指引，在优化评价工具的同时，提升了观察和指导能力，并从调研中总结经验，积累有效的案例，丰富研究的过程性资料；另一方面，教师通过对调研结果的交流分享和评价标准的修订、讨论，不断学习、实践和反思，提升师幼互动的能力。专项调研，从了解现状的开始到结束，通过两次现场

观摩，记录下教师互动能力的已有基础和发展进步。

循证管理从初步尝试到形成常态，成为幼儿园各类工作的管理运行机制。行政管理人员深入现场，发现问题、调查原因的意识增强了，和教工对话、沟通的能力提升了，跨部门的交流探讨增多了，更多的相关者走进了管理的场域，幼儿园内部管理进入一个良性循环。

二、变"集权"为"分权"，开展幼儿园保教监控中的"教师自治"

让每一位教师成为幼儿经历的有力支持者，是项目研究想要达成的目标之一。我们期待教师尊重幼儿、包容和欣赏幼儿的个体差异，同样，教师也期待管理者尊重、包容和欣赏她们，为她们的成长提供个性化的支持，对她们的工作结果做出个性化的评价。关注教师的内心世界，焕发教师的工作热情，激发教师在反思中获得进步，应该成为保教质量监控的出发点与归宿。如何在关注幼儿经历的同时也关注教师的主动成长，并用科学的、富有活力的评价来激发教师的专业发展自觉，推进课程的开发建设，提升保教工作质量，让每一个孩子更主动地经历自己的学习过程。我们提出"教师自治"的保教质量监控新方法，探索多种监控途径、多方对话通路、多维评价标准的监控形式，关注教师个性需求与发展，实施个性化的保教质量监控管理，达成幼儿园"个别化"教育办园理念，让每一个教师成为更好的自己。

教师自治，是教师在课程理念的共同愿景驱动下，明确自己"在干什么，为什么这么干"，并主动思考"干得怎样，怎样才能干得更好"，在多方互动的过程中相互影响、破解问题、提升质量，形成富有活力的保教管理评价体系。教师自治的保教监控评价，赋予了教师一定的权利，让她们更好地发挥自主性，进行创造性的工作，提升创新意识和活力。

我们开展了"教师自治"的问卷调查，通过调查我们了解了教师认为的"自治"，即赋予一定的教师权利，可以有权自己处理自己在园的事务、自己制定需要考核的目标并开展评价；在班级的管理中，可根据自己的实际情况和班级幼儿情况有目的地进行自我管理；在课程理念的指导下，可根据自己的个性特点、能力水平制定合理的目标，灵活自主安排各项工作进程并达成目标；在自身发展中，能自觉把专业活动当作研究对象，理性审视自身的专业水平与专业实践活动，自觉地进行有意义的追寻和有责任的担当等。在调查的基础上，我们立足

"一园三部"的实际,尝试开展"教师自治"的部际交流活动,关注三个园部之间的教师互动及对话,在交流中寻找每一个园部活动的亮点,挖掘可借鉴的有效经验,提升教师的创新意识。

案例:"'萌蒙'的劳动日"[①]

"自由活动日"是幼儿园的特色活动之一,教师和幼儿共同策划活动主题、活动内容、活动形式等。在活动开展前,师幼共同准备活动所需要的材料,并以幼儿自主选择内容的形式开展活动。在幼儿园的三个园部中,孩子们都会策划不同的游戏、不同的内容,教师也会根据孩子的策划准备环境支持孩子的游戏。于是,我们思考是否能运用幼儿园三个园部的不同规模、特色开展部际交流活动。恰逢蒙氏部要举行自由活动日了,不妨就从他们先开始吧!蒙氏部由三个蒙氏班构成,所包含的幼儿分为小、中、大班三个年龄段,他们所策划的自由活动日和其他两个园部有什么不同?如何基于混龄的特点开展自由活动日,其中又会有哪些特色、有效的经验可以让总部和分部的教师进行借鉴和迁移呢?"'萌蒙'的劳动日"部际交流活动就这样诞生了。

五月一个阳光明媚的上午,"'萌蒙'的劳动日"活动如期举行,总部和三部的老师也早早地来到了活动现场,有的做志愿者,有的做参观者,大家都积极参与其中。活动开始了,所有的孩子在操场上集合,排列为九列纵队,不同的队列各自有一个代表自己队伍的标记,有的是在手臂上绑着丝带,有的是脖子上戴了丝巾,有的则在额头上贴着贴纸,有的在胸前贴着号码牌……九列队伍都集齐后,他们又做了什么呢?和以往不同的是,这一次他们不是聆听教师介绍各个活动室,而是举行了一场"隆重"的仪式,三个年龄段的孩子有的哼唱劳动歌曲(中班)、有的念唱劳动儿歌(小班)、有的说一说劳动的事宜(大班),之后一部分孩子出列,老师为他们佩戴了队长标志(大班佩戴大队长标志,中班佩戴中队长标志)。最后由每队的队长抽取任务卡、地图。原来,这是孩子们设计的第一次"劳动节仪式",就这样,带着满满的仪式感,活动正式启动啦!队长们一前一后召集好自己小队的队员,随后带着队员有序地按照任务卡上的劳动内容行动了起来,有的插花,有的照顾植物,有的清理桌椅,有的擦洗窗户,有的剥蛋壳,有的自制点心……一个任务完成后接着下一个任务,队长在每个活动结束后都会清点人数,带领大家在休息时间如厕、洗手等,整个过程都是由大孩子带着小孩子们独立完成,老师只是在一旁

[①] 该案例由上海市静安区南阳实验幼儿园裘艳老师提供。

待孩子有需要时解答他们的疑惑。孩子们在忙碌的劳动中体验到了劳动的快乐,以及劳动后看到劳动成果的成就感。

活动中,观摩的老师也愉快地参与其中,有的接受了孩子的邀请,品尝了他们亲手制作的点心,有的惊叹于孩子们仔细擦拭桌椅、橱柜、窗户,让它们变得有序、整洁;有的忍不住和孩子一起用三指夹的方式拿着纸巾擦拭植物;有的用照片记录下孩子们踮着脚擦拭窗户的可爱模样……活动结束后,听到老师说得最多的一句话就是"这个活动真好啊!我们以后也可以……"

借鉴他人的成功经验,并运用于日常活动中是一个聪明的办法,但似乎还不够。如何使活动的开展更贴近不同园部的真实情况,如何关注孩子的需求,使活动更具有意义,如何让教师了解到活动设计背后的想法以及整个活动策划的点滴细节,让观摩的教师在惊叹后又有所悟,还需要一次交流研讨的活动。通过对话解答教师心中的疑惑,了解活动设计中的细节,为下一次的活动提供经验。于是,我们认为还可以让老师之间开展一次分享研讨活动,重组不同年级组、不同教龄的教师,以问题引领、小组研讨的形式,让不同园部的老师进行对话、交流,在一次次的提问中获得有效的、可借鉴的做法与经验。于是"让活动更有……味道"的研讨活动开始了。活动中,所有的老师以抽签的形式构成了新的组合(三组),三部蒙氏的老师被随机分配到了三组中,老师们依据三个问题:在课程理念的背景下,你觉得幼儿园的活动应该呈现何种景象?你喜欢"'蒙萌'的劳动日"活动吗?请用一个关键词表达你观摩后的感受和评价并作解释。你觉得在设计此类专题活动时可以借鉴哪些亮点?老师们各抒己见,有的提问,有的表达想法,有的……老师们提出了许多自己的观点:

教师A:我觉得这次活动有"快乐""自主""投入""有序""蒸蒸日上"的味道,让我看到了孩子"自得其乐""朝气蓬勃"的状态,我感受到了"家的归属感"、满满的"满足感"、"成就感"和"幸福"。

教师B:"经历"是一种和谐的师生共建的过程,包括活动的计划和参与。整个蒙氏园部参与在其中,针对不同年龄段的设计体现了个别化和层次性,我们的活动也应该呈现这样的状态,不同年龄层次的孩子获得更加有针对性的体验活动的快乐。

教师C:第一个关键词是"投入"。从孩子的神情中可以看出他们非常喜欢这个活动,可以感受到他们是快乐的。在活动中每个孩子都有自己的任务和职责,有些孩子身上有五条杠,有的孩子跟着组长来进行工作。孩子投入的状态和在以前的活动中是不一样的,投入地工作,投入地玩。第二个关键词是"融入"。以前的活动往往能力强的孩子冲在前面,能力弱的孩子滞后一点,或等待,或旁观。在这个"'蒙萌'的劳动日"活动中,每个孩子都融入在整个活动中,活动很贴近生活。孩子心里很清楚要做的事情,活动内容是孩子力所能及的,又是平时没有机会做的。

教师D:关键词是"快乐"。我能看到每个孩子都是笑容满面的。一方面是因为这个活动非常贴近生活,再现了生活的场景,包括做吃的、剪花、擦桌子、剥鸡蛋等。这些都和孩子平时的工作、生活结合。还有一方面是这个活动非常有仪式感,通过佩戴五条杠的标记、老师颁发任务书的环节,孩子们尤其是大年龄的孩子在活动之前就有一种参与任务的感觉,在完成任务的过程中他们所感受到的快乐和小年龄的孩子单纯地参与、单纯地玩这样的快乐是不一样的,他们有一种自主学习的体验。

教师E:最值得我们借鉴的是——精心的准备是活动成功的基础。在精致的"'蒙萌'劳动日"活动中,首先有硬件的保证,活动筹备时间是两周,场地非常大,教室很多,内容也很丰富。教师真正让孩子参与到活动准备当中,小班的孩子在知道活动内容以后,可以用选一选、贴一贴的方式评选三个自己喜欢的活动,这符合小班孩子的年龄特点;中、大班的孩子,在评选自己最喜欢的活动时,用记一记、画一画的方式,将活动从最喜欢到一般喜欢排序。这就回答了黄队老师刚才说孩子可以玩很长时间的问题,因为这是孩子自己喜欢的、感兴趣的事情。从教师方面来看,每一个活动准备的材料和呈现形式,全都有明确的设想,怎么摆放都是规划好的,这个很值得我们借鉴。

老师们说得真好!很多时候,教师们忙于完成各种既定的内容,为做而做,不曾去思考我想要做什么?我为什么要这样做?我需要怎么做才能更好地支持幼儿的经历?因此,让老师开展观摩交流活动,让他们走进不同的活动,引导他们把所思所想所疑惑与大家共享,并通过梳理、小结将幼儿园的活动和课程理念、特色建立联系,静下心来思考活动的意义与价值。在这样的活动中,对话的机会更多了,对话的范围更广了,对话的内容更贴切了。

创新的需求是需要被激活的。要激发每位教师的创新意识和行为,就必须改变现有的评价方式,使评价真正对教师落实课程理念"有用""有效"。部际交流活动的新评价形式便是以提升自我创新、自我增值为目标的评价,是发自内在的需求并且可引发新的内在需求的学习,是解决实际问题并且可引发新问题的学习。我们运用了"转化式"的互动交流形式支持教师将事先观摩内容内化,并激发教师实现自我价值的"内在原动力"。首先,教师通过参与实践,把部际交流活动中看到的或研讨活动中听到的理论、观念、行为转化到自己的活动设计和活动过程中去,也就是通常所说的把知识转化为行为。其次,教师通过对话、反思,将自己的实践行为与课程理念进行比较。对话、反思本身就是梳理思路、洞察实践的过程,也是审视行为和效果的过程。这种转化能力的核心要义在于把别人做成的事情变成我正在做的事情,同时使我自己所思所想、所作所为的形成和调整的过程变成主动吸收他人思想及行为经验的过程。

"教师自治"不是一个理念、一句空话,而是落实在建构个别化教育支持框架中的具体行动。案例中"转化式"的互动交流,在实践、对话、反思、再实践的动态循环中不断将"你的、我的、他的"有效经验进行分享与传递,并不断引发教师的自我反思:面对不同的活动内容或不同年龄的活动对象,我想转化什么?我该如何转化?我转化了没有?哪些内容实现了转化,变成了我的东西?哪些内容没有实现转化,依然是别人的东西?这种基于转化的反思不应是一次性的,而应是持续性和渗透性的,是全方位、全过程地渗透在教师学习过程中的,教师最终形成的既是一种转化意识、转化方法、转化能力,更是一种转化习惯,从而达成"自治"。"教师自治"也逐步培育着教师作为课程领导者的行动自觉与作为课程实施主体的主动性。

第四节 展望更美好的教育生态

这段研究历程将在我园个别化教育的探索中,留下深刻的烙印。"让每一个孩子经历自己的学习过程"勾勒出我们所向往的教育生态:孩子置身快乐的学习场域,或探索体验,或表达表现,经历着自己的经历,按照自己的节奏健康茁壮地成长。教师或引导,或伴随,亦师亦友,教与学的关系在师幼共同的经历中变得更和谐……虽未能至,心向往之!教育是一门遗憾的艺术,越是深入地探寻,需要破解的难题就越多,我们将坚定执着地走下去,展望未来,仍然有很多设想有待成真。

一、营造"尊重、包容、信任"的课程文化

课程是幼儿与教师同生共长的土壤,我们将持续地灌溉这片土壤,使它更具温暖和活力。随着"让每一个孩子经历自己的学习过程"课程理念的提出,项目研究的不断深入,我们认识到:除了接纳、尊重、欣赏之外,更重要的是信任,真正地相信幼儿和教师有学习的内驱力与无限可能,相信幼儿与教师能够通过主动的经历和发展成为更好的自己,从而进一步放开束缚,营造"尊重、包容、信任"的课程文化。一方面,让课程回归幼儿的真实生活,更加契合幼儿的自然天性,支持儿童更积极地投入、更快乐地经历属于自己的学习过程;另一方面,更好地回应每一位教师的发展需求,创设更宽松的心理环境,让她们消除紧张和焦虑,潜心研究,同时,鼓励、扶植各种类型的研究共同体,让她们在共学共研的过程中生成智慧。给予更温暖的陪伴,多一点等待,少一点催促;多一点允许,少一点限制;多一点鼓励,少一点评判,让她们在求索的道路上自由、自信地行走。我们期待以课程助推发展,以文化滋养心灵,让幼儿和教师在自由的时空里肆意生长,绽放出夺目的生命之光。

二、完善保障课程更优化的制度体系

课程制度是学校共同遵守的、规范课程与教学的一系列规程和行为准则,能够确保课程内容合规、程序做法合规,是学校创造性地实施国家课程计划,体现学校独特办学理念和发展目标的基本保证。[①]"让每一个孩子经历自己的学习过程"的美好愿景,对幼儿园的课程制度设计提出了挑战:一方面,要遵守规定、恪守底线,为幼儿的全面素质启蒙和身心健康发展提供基础保障,使课程更科学、更规范;另一方面,要基于园所课程特点,从满足幼儿的发展需要出发,进行园本化的大胆创新,让课程更灵活、更有活力。"守住底线"容易,但大胆创新不易。在项目研究过程中,我们遭遇到了规范与创新的两难问题,规范和底线的坚守,不能以牺牲幼儿的发展、教师的创造为代价,创新的同时也不能违背规范。在现实中,我们尚未

---

① 上海市教育委员会教学研究室.幼儿园课程领导力在生长[M].上海:上海科技教育出版社,2019.

能很好地把握两者的平衡,制度的设计与实施仍会束缚教师的手脚,对于不同专业能力的教师的分层放权仍需要逐步推行与落实。这需要我们心怀幼儿的主动发展,进一步盘活和统筹在园生活的时空与各类资源,以具有幼儿园园本化特点的课程制度来保障课程理念的"落地",使课程在规范实施的同时,能超越规范,追求卓越,在持续发展中不断得到优化。

三、探索数字化赋能下的课程实施更优化

个别化教育是遵循儿童发展规律的适切教育理念,是教育关注个体的重要途径和方法,也是南阳实幼课程开发建设的永恒命题。建构个别化教育支持框架的循证研究,为下个阶段的行动奠定了坚实的基础,我们将始终坚守个别化教育的理念,紧跟时代发展的步伐,回应社会对高质量学前教育的要求,开展课程更优化的探索。在信息技术与人工智能应用领域日新月异发展的背景下,我们也将面临数字化转型的新挑战,下个阶段我们将借力数字化赋能,探索个别化教育与信息技术的融合。如:开展在一日活动各场景下的信息化应用,依托信息技术资源,拓宽幼儿学习的深度与广度,让幼儿生成的奇思妙想有更多实现的可能,使环境能更好地满足幼儿学习与发展的需要。又如:科学地运用信息技术手段进行个别化的观察,更细致地关注和发现幼儿学习与发展的规律特点和差异,以数据支撑师幼互动的同频与共振。再如:结合数字化元素,做好幼儿成长数据的动态积累与分析,更全面地揭示成长规律,发现幼儿的点滴进步。未来已至,个别化教育即将迎来新的篇章,我们期待,在科学性、规律性、应用性等方面的新探索,使课程走上可持续发展之路,更好地支持每一个孩子经历自己的学习过程。

后记

从2009年《个别化教育在行动》出版至今，已经过去了15年。时代变迁，时光荏苒，南阳实幼始终秉持"关注每一个孩子的需要，支持每一个孩子的发展"的办园理念，聚焦个别化教育的实践研究，从中生发教育智慧，孕育教育情怀。市级课题《构建个别化教育支持框架——让每个孩子经历自己的学习过程》是南阳实幼个别化教育研究新的生长点。项目研究承载了我们对于个别化教育从理念到实践的热情、对幼儿和教师发展与成长的期待。在将近三年的时间里，课题有序推进，顺利完成了预定的研究任务。本课题的研究，得到了多方的指导和帮助，感谢郅庭瑾教授，黄娟娟、王俊山等专家给予前瞻性的点拨，感谢张小华、李建君等专家从选题设计、过程实施和成果提炼总结等方面给予的全过程指导，在此，也对曾经帮助、指导课题开展的所有人，一并表示诚挚的感谢！

项目结题并不意味着研究的终止，而是验证与固化经验、辐射与推广成果的开端，我们将不改初心，以始为终，个别化教育永远在路上！

南阳实验幼儿园

李文静